八先生 중국어 - Vol.4 기본심화

© Carrot House

All rights reserved. No part of this publication may be reproduced, stored in a retrieval system, or transmitted in any form or by any means without the prior permission in writing of Carrot House.

Printed: August 2019
Author: Carrot Language Lab

ISBN 978-89-6732-303-5

Printed and distributed in Korea
9F, 488, Gangnam St. , Gangnam-gu, Seoul, 06120, South Korea

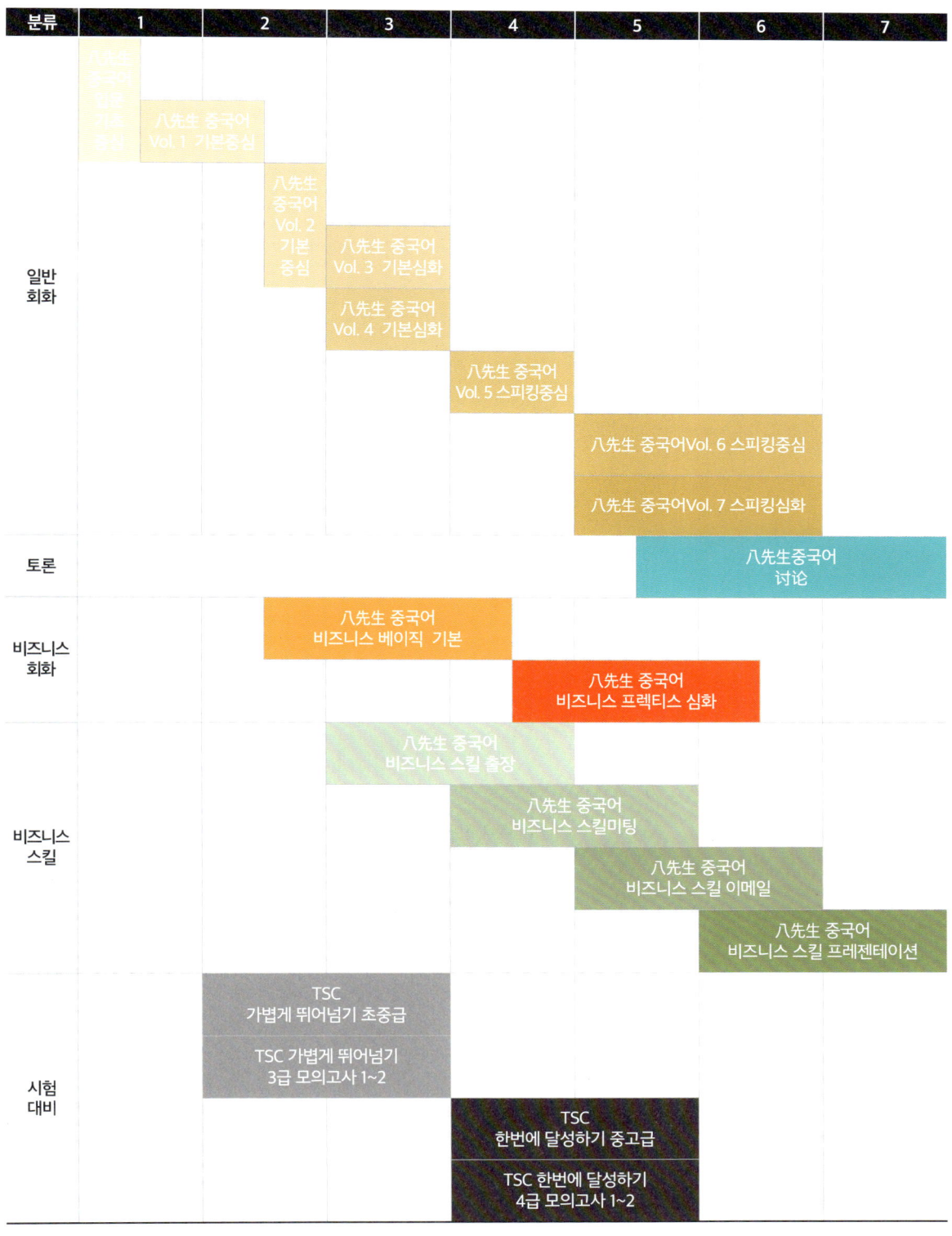

중국에 대한 이해

중국(中国)은 본래 고대 중원 지방을 뜻하였으나, 현재는 나라의 이름을 뜻하는 고유명사이다. 중국의 정확한 국명은 '중화인민공화국(中华人民共和国)'이며 1949년 10월 1일에 건국되었다.

중문 국명 | 中华人民共和国(중화인민공화국)
영문 국명 | The People's Republic of China(P.R.C.)
국명 약칭 | 中国(China)
수도 | 북경(北京)
건국일 | 10월 1일
표준어 | 한어(汉语) 또는 보통화(普通话)
화폐 | 인민폐(RMB)
시차 | 한국보다 1시간 느림
정치 제도 | 인민공화국(입헌공화제)
인구 | 약 13억 7천 만명
민족 구성 | 한족(汉族), 장족(壮族), 만주족(满族) 등 56개 민족
주요 종교 | 불교, 도교, 기독교, 회교
국토 면적 | 959만 6960 제곱 킬로미터

❶ 캐럿 하우스 방법론 - 성인 교육학 접근 및 생산적인 중국어와의 관계

교육학은 학습자들로 하여금 생각을 한 곳으로 모으게 하고 학습 훈련을 지속적으로 강화하는데 그 목적이 있습니다. 아이들을 가르치는 교학과 성인을 가르치는 학습의 특징 및 과정은 분명 다릅니다. 성인 교육은 상대적으로 자유로운 학습 환경을 제공하는 교육 분야라고 볼 수 있습니다. 그렇기 때문에 다양한 생각과 행동적 학습이론을 추구할 수 있고 학습자들은 자발적으로 지속적인 학습이 가능한 대상이 될 수 있습니다.

사실, 대다수의 사람들은 외국어를 학습할 때 대화의 완성도를 완벽하게 만들어 내기 위해 노력하고 있습니다. 특히, 구술 및 작문 영역에 있어서 언어를 활용한 생산적 기술을 잘 갖추게 된다면 그들은 중국어로 소통하는 장에서 자신의 역량을 마음껏 발휘할 수 있을 것입니다. 그리고 바로 이 점이 학습자들의 생산적인 기술을 향상시킨 캐럿 하우스 커리큘럼만의 비결이라고 생각합니다. 캐럿 하우스 커리큘럼이 제시하는 성인 학습의 특징은 치열한 경쟁 시대 속에서 학습자들이 생산적인 외국어 학습을 위해 소통의 스킬을 스스로 성취할 수 있도록 역량을 키울 수 있도록 한다는 점입니다. 이렇듯, 캐럿 하우스의 교수철학과 커리큘럼은 모든 중국어 학습자들의 "성공을 위한 언어" 라는 목표를 이룰 수 있도록 구성되어 있습니다.

❷ 공동체 언어학습법

언어습득의 필수 요소인 공동체 언어학습법은 숙련된 강사가 학습자가 이해할 수 있는 강의안을 제공하고 학습자 각자가 가지고 있는 문제 및 상황을 그대로 받아들이고 이해하는 상호 작용 속에서 언어 학습을 진행하는 방법입니다. 이 때, 학습자들은 자신에게 주어진 학습 기회를 최대한 활용할 수 있습니다. 특히, 공동체 언어학습법은 외국어 음운학 분야에서 응용하고 있는 방법으로, 언어를 보다 실용적으로, 보다 확실하게, 보다 기술적으로 사용하기 위한 학습자들에게 최적화 되어 있다고 볼 수 있습니다.

책의 특징

01 핵심만 쏘옥! 뽑아 내공 탄탄
- 꼭 필요한 것만 배우고 싶은 당신
- 핵심만 콕 짚어 핵심내용 습득

02 실전에 강한 진짜! 중국어로 무장
- 실제로 통하는 진짜 중국어 습득
- HSK, TSC유형으로 연습문제 구성
- 복습을 통해 배운 내용 점검 가능

03 중국 문화부터 유용한 팁까지 한방에 훅!
- 중국인의 최신 문화 이야기 습득
- 풍부한 사진과 설명을 통한 실용 정보 습득

교재개요
Chapter Composition

팔선생 이야기

중국에서 先生(선생)은 영어 'Mr.'를 의미하며, 八(8)은 번영과 발전을
의미하는 发(發)와 발음이 비슷하여 중국에서는 누구나 좋아하는 숫자입니다.
八先生은 누구에게나 친숙하고 누구나 좋아하는 사람을 지칭하기도 하죠.
팔선생은 누구나 쉽고 재미있게 접근할 수 있는 교재입니다.
팔선생을 통해 즐겁게 중국어와 중국문화를 공부하시고 경험하시길 바랍니다.

| 이 책의 구성 & 활용 |

학습내용 소개

각 단원별 주요표현 및 주요어법에 대하여
간단히 소개하고 있습니다.

단어 및 팁

단어를 학습한 뒤 본문과 관련되어 더 알아두면 좋은 문화 내용을 정리하였습니다.

본문대화

현지 중국인들의 생생한 일상을 대화문으로 구성하였고 MP3를 듣고 따라 읽으면 자연스러운 중국어를 익힐 수 있습니다.

교체 연습

문형을 응용해서 단어를 바꿔가며 다양한 문장을 쉽고 재미있게 배워볼 수 있습니다.

어법

중국어의 핵심 어법이 간결하게 정리되어 있습니다.
주요 어법 지식을 학습합니다.

연습문제

본 책에서 배운 내용을 新HSK 4급 및 TSC 형식의 문제로 제시하였습니다. 문제를 통해 학습한 내용을 복습하고 중국어 시험 유형에도 익숙해질 수 있습니다.

헐후어

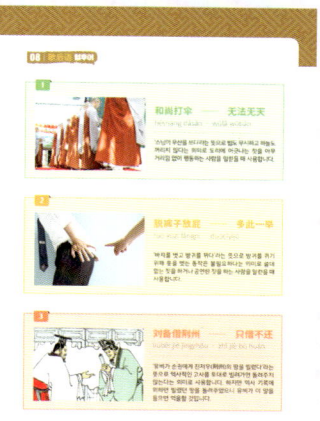

중국에서 많이 활용되는 헐후어를 선정해, 사용하는 상황을 설명 하였습니다. 이를 통해 중급 수준으로 향상된 중국어 실력을 기대할 수 있습니다.

유용한 Tip

풍부한 사진과 설명을 통해 다양한 중국 문화를 이해할 수 있습니다.

목차

01 | 显得年轻多了。 젊어 보이세요. 13
주요표현 - 외모에 대한 표현
주요어법 - '显得' / '对…来说' / '再说' / '不仅…而且…'

02 | 这个主意不错。 이 아이디어가 괜찮습니다. 27
주요표현 - 선물 준비 및 물건 분실 관련 표현
주요어법 - '认为' / '不如' / '别提' / '要不然'

03 | 雾霾越来越严重了。 스모그가 갈수록 심해져요. 41
주요표현 - 환경오염과 관련된 표현
주요어법 - '不见得' / '至少' / '尽量' / '不管…都'

04 | 你的标准可真高啊。 눈이 정말 높으시네요. 55
주요표현 - 이상형 및 직업 관련 표현
주요어법 - '一方面, 另一方面' / '只是…而已' / '既…又…' / '并'

05 | 解酒汤是什么汤？ 해장국이 뭐예요? 69
주요표현 - 음주와 관련된 표현
주요어법 - '显得' / '有助于' / '根据' / '因此'

복습 | 복습내용 - 第1课 ~ 第5课 83

| 06 | 谈恋爱不是两个人的事吗? 연애는 두 사람만의 일이 아닌가요? | 89 |

주요표현 - 연애 및 결혼 관련된 표현
주요어법 - 'A跟B一样' / '尽管' / '只要…就' / '与其A, 不如B'

| 07 | 你大学做过兼职吗? 대학교 때 아르바이트 해본 적 있어요? | 103 |

주요표현 - 대학생활과 관련된 표현
주요어법 - '舍不得' / '随着' / '非…不可' / '只好'

| 08 | 我新换的手机怎么样? 새로 바꾼 휴대폰 어때요? | 117 |

주요표현 - 스마트폰과 관련된 표현
주요어법 - '来…去' / '说实话' / '除非…否则' / '顺便'

| 09 | 你听说过黑色星期五吗? 블랙 프라이데이를 아세요? | 131 |

주요표현 - 쇼핑과 관련된 표현
주요어법 - '由于' / '尽管…但是' / '到底' / '何必…呢'

| 10 | 他们还有国际快递业务啊? 국제 택배도 해요? | 145 |

주요표현 - 택배와 관련된 표현
주요어법 - '够…的' / '万一' / '按照' / '假如'

| 복습 | 복습내용 - 第6课 ~ 第10课 | 159 |

| 부록 | 주요내용 - 문제답안 / 新HSK 4급 단어 | 165 |

품사 약어표

약어	품사명	약어	품사명
명	명사	부	부사
대	대(명)사 인칭대(명)사 지시대(명)사 의문대(명)사	조	조사 동태조사 구조조사 어기조사
동	동사	접	접속사
형	형용사	전	전치사
수	수사	감탄	감탄사
양	양사 동량사	의성	의성사

등장인물 소개

金铉雅 (여)
김현아
한국인 / 20대

李明 (남)

리밍
중국인 / 30대

张伟民 (남)

장웨이민
중국인 / 40대

第 1 课

显得年轻多了。
Xiǎn de niánqīng duō le.
젊어 보이세요.

01 주요표현
- 외모에 대한 표현

02 주요어법
- '显得'
- '对…来说'
- '再说'
- '不仅…而且…'

01 | 准备 준비하기

单词 단어

下午茶 xiàwǔchá	몡 애프터눈 티	换 huàn	동 교환하다 / 바꾸다
发型 fàxíng	몡 헤어스타일	显得 xiǎnde	동 …인 것처럼 보이다
理发店 lǐfàdiàn	몡 이발소 / 이발관	剪 jiǎn	동 자르다 / 깎다
头发 tóufa	몡 머리카락 / 두발	怪 guài	형 이상하다
精神 jīngshen	몡 원기 / 활력 / 기력	光 guāng	부 단지
重要 zhòngyào	형 중요하다	随便 suíbiàn	동 마음대로 하다
短发 duǎnfà	몡 단발 / 짧은 머리	时代 shídài	몡 시대
重视 zhòngshì	몡 중시 / 동 중시하다	烫发 tàngfà	동 머리를 파마하다
染发 rǎnfà	동 (염색약으로) 머리를 염색하다	男士 nánshì	몡 성년 남자

팔선생 Tip

중국에서는 미용실을 理发店[lǐfàdiàn] 혹은 美发厅[měifàtīng]이라고 합니다. 피부관리실은 美容院[měiróngyuàn]이라고 합니다. 중국에서는 보통 한국처럼 피부과에서 피부관리하는 것이 아니라 피부 관리실에서 관리를 받으며, 전문적인 의사가 없으며, 피부와 관련된 질병은 치료할 수 없습니다. 단지 피부 관리 또는 SPA 정도의 서비스를 제공하고 있습니다.

第1课 | 显得年轻多了。 Xiǎn de niánqīng duō le. 젊어 보이세요.

02 | 会话 회화

헤어와 관련된 표현

金铉雅
Jīn xuànyǎ

张总, 您换的这个发型, 显得年轻多了。
Zhāng zǒng, nín huàn de zhège fàxíng, xiǎn de niánqīng duō le.
장사장님, 헤어스타일 바꾸시니까 젊어 보이세요.

张伟民
Zhāng wěimín

**昨天我爱人陪我去理发店剪的头发。
我还觉得怪怪的呢。**
Zuótiān wǒ àirén péi wǒ qù lǐfàdiàn jiǎn de tóufa.
Wǒ hái juéde guàiguài de ne.
어제 우리 집사람이랑 같이 미용실에 가서 머리 잘랐어요. 나는 좀 이상하다고 느껴져요.

李明
Lǐ míng

这个发型很适合您, 看起来很精神。
Zhège fàxíng hěn shìhé nín, kànqǐlái hěn jīngshén.
헤어스타일 잘 어울리세요, 활기차 보이고요.

金铉雅
Jīn xuànyǎ

说实话, 不光是女人, 对男人来说, 发型也很重要。
Shuōshíhuà, bùguāng shì nǚrén, duì nánrén láishuō,
fàxíng yě hěn zhòng yào.
사실 여자 뿐만 아니라, 남자에게도 헤어스타일은 매우 중요해요.

张伟民
Zhāng wěimín

男人嘛! 随便剪个短发就行了。
Nánrén ma! Suíbiàn jiǎn ge duǎnfà jiù xíng le.
남자잖아요! 그냥 짧게 자르면 돼요.

金铉雅
Jīn xuànyǎ

**您别这么说, 最近时代变了,
现在的男人比女人更重视发型呢。**
Nín bié zhème shuō, zuìjìn shídài biàn le,
xiànzài de nánrén bǐ nǚrén gèng zhòngshì fàxíng ne.
그렇게 말씀하시지 마세요, 요즘 시대가 바뀌었어요,
지금은 남자들이 여자들보다 헤어스타일을 더 중요하게 생각해요.

李明
Lǐ míng

我还想去烫个发, 再染发什么的呢。
Wǒ háixiǎng qù tàng ge fà, zài rǎnfà shénme de ne.
저는 머리 파마하고 염색도 하고 싶어요.

金铉雅
Jīn xuànyǎ

您看, 咱们身边就有这么一位爱美的男士。
Nín kàn, zánmen shēnbiān jiù yǒu zhème yíwèi àiměi de nánshì.
보세요, 우리 옆에도 이렇게 아름다움을 추구하는 남자분이 있어요.

★ 光[guāng]는 기본적으로 명사 '빛, 광선'이라는 의미로 사용됩니다. 본문에서는 부사 '단지'라는 의미로 부정부사 不와 함께 접속사 '…뿐 아니라'라는 의미로 사용됩니다.

说一说 현재의 헤어 스타일에 대해 이야기 해보세요.

03 | 准备 준비하기

单词 단어

胃口 wèikǒu	몡 식욕
减 jiǎn	동 빼다 / 줄이다
肥 féi	형 살찌다
节食 jiéshí	동 절식하다
方法 fāngfǎ	명 방법
效果 xiàoguǒ	명 효과
整天 zhěngtiān	명 온종일
嘴 zuǐ	명 입의 통칭
不仅 bùjǐn	…일 뿐만 아니라

体重 tǐzhòng	명 체중
瘦 shòu	형 마르다 / 여위다
再说 zàishuō	접 게다가
减肥 jiǎnféi	동 다이어트하다
靠 kào	동 기대다
坚持 jiānchí	동 견지하다
挂 guà	동 걸다
追求 zhuīqiú	동 추구하다

팔선생 Tip

시대와 지역에 따라, 그리고 사람에 따라 미인의 기준은 다르지만 중국 당나라 시대에는 풍만하고 통통한 여자가 미인이었습니다. 당나라 때는 나라가 비교적 안정적이고 경제도 상황이 좋았습니다. 이 시대의 사람들은 외모에 관심이 많았습니다. 당나라 여인의 옷차림을 보면 노출이 상당히 많습니다. 즉 풍만한 신체의 여성이 이런 옷차림을 입었을 때 가장 여성미를 잘 드러내기 때문에 당나라 양귀비처럼 신체가 풍만하고 허리가 가늘한 여성을 미의 상징으로 여겼습니다.

04 | 会话 회화

다이어트에 관련된 표현

李明 Lǐ míng

怎么没有胃口吗? 身体不太舒服?
Zěnme méiyǒu wèikǒu ma? Shēntǐ bútài shūfu?
왜 입맛이 없어요? 몸이 불편해요?

金铉雅 Jīn xuànyǎ

都不是, 这不快要到夏天了吗?
所以我趁天热以前把体重减下来。
Dōu búshì, zhè bú kuàiyào dào xiàtiān le ma?
Suǒyǐ wǒ chèn tiān rè yǐqián bǎ tǐzhòng jiǎn xiàlái.
모두 아니에요, 여름이 곧 다가오잖아요? 그래서 날이 더워지기 전에 체중을 줄일려고요.

李明 Lǐ míng

你都这么瘦了, 哪有肥可以减啊。
再说, 节食减肥可不是好方法。应该靠运动减肥。
Nǐ dōu zhème shòu le, nǎ yǒu féi kěyǐ jiǎn a. Zàishuō,
jiéshí jiǎnféi kě búshì hǎo fāngfǎ. Yīnggāi kào yùndòng jiǎnféi.
이렇게 날씬한데, 더 뺄게 어디 있어요.
게다가 안 먹고 다이어트 하는 것은 좋은 방법이 아니에요. 운동으로 다이어트를 해야죠.

金铉雅 Jīn xuànyǎ

我也知道, 可是运动的效果没有节食减肥的效果快。
而且坚持运动也不容易。
Wǒ yě zhīdào, kěshì yùndòng de xiàoguǒ méiyǒu jiéshí jiǎnféi
de xiàoguǒ kuài. Érqiě jiānchí yùndòng yě bù róngyì.
나도 알고 있어요, 그러나 운동효과는 안 먹고 빼는 것보다 못해요.
게다가, 지속적으로 운동하는 것도 쉽지 않아요.

李明 Lǐ míng

减肥可不是一天两天的事, 你们女孩子整天都把减肥挂在嘴上。
Jiǎnféi kě búshì yìtiān liǎngtiān de shì, nǐmen nǚháizi
zhěngtiān dōu bǎ jiǎnféi guà zài zuǐshàng.
다이어트는 하루 이틀에 하는 일이 아니에요, 여자들은 맨날 다이어트를 입에 달고 살아요.

金铉雅
Jīn xuànyǎ

哪个女人不爱美呢，减肥是女人一生的追求。
瘦了不仅穿衣服好看，而且人也变得有自信。
Nǎge nǚrén bú ài měi ne, jiǎnféi shì nǚrén yìshēng de zhuīqiú.
Shòu le bùjǐn chuān yīfu hǎokàn, érqiě rén yě biàn de yǒu zìxìn.
어떤 여자가 예쁜 것을 싫어해요, 다이어트는 여성이라면 평생 절실히 원하는 거예요.
날씬해지면 옷 핏도 좋고, 사람도 자신감이 생겨요.

李明
Lǐ míng

追求美是对的，但是健康美才是最重要的。
Zhuīqiú měi shì duì de, dànshì jiànkāng měi cáishì zuì zhòngyào de.
아름다움을 추구하는 것은 맞지만 건강미가 가장 중요해요.

★ 下来[xiàlái]는 기본적으로 방향보어로 사용되지만 본문에서는 방향보어의 파생적인 의미로 사용됩니다. 즉 동사 减[jiǎn]와 더불어 '(체중을)감량을 하다'라는 의미로 사용됩니다.

🔊 说一说   서로 다이어트 경험에 대해 이야기 해보세요.

05 | 关键表达 패턴

1 …뿐만 아니라 …도 …를 나타내는 不光…也의 활용

不光是女人，对男人来说，
Bùguāng shì nǚrén, duì nánrén lái shuō,

不光我喜欢他，
Bùguāng wǒ xǐhuān tā,

不光钱包被送回来了，
Bùguāng qiánbāo bèi sònghuí lái le,

不光工作努力，
Bùguāng gōngzuò nǔlì,

发型**也**很重要。
fàxíng yě hěn zhòngyào.

大家**也**都喜欢他。
dàjiā yě dōu xǐhuān tā.

也没有少任何东西。
yě méiyǒu shǎo rènhé dōngxi.

也喜欢帮助人。
yě xǐhuān bāngzhù rén.

2 …도 하고 싶어 또 …을 나타내는 还想…再의 활용

| 我**还想** Wǒ háixiǎng | 去烫个发，qù tàng ge fà,
看个电影，kàn ge diànyǐng,
旅行，lǚxíng,
回家，huíjiā, | **再** zài | 染发什么的呢。rǎnfà shénme de ne.
逛个街。guàng ge jiē.
买点免税品。mǎidiǎn miǎnshuìpǐn.
洗个澡。xǐ ge zǎo. |

3 반문을 나타내는 哪의 활용

你都这么瘦了，Nǐ dōu zhème shòu le,		有肥可以减啊。yǒu féi kěyǐ jiǎna.
你都这么忙了，Nǐ dōu zhème máng le,	**哪** nǎ	有时间学习。yǒu shíjiān xuéxí.
你都这么说了，Nǐ dōu zhème shuō le,		好意思再去。hǎoyìsi zài qù.
你都这么累了，Nǐ dōu zhème lèi le,		有精力。yǒu jīnglì.

4 하루 이틀의 일을 나타내는 一天两天的事의 활용

减肥 Jiǎnféi 学习汉语 Xuéxí hànyǔ 美容 Měiróng 这件事 Zhèjiàn shì	**可不是一天两天的事**。kě búshì yìtiān liǎngtiān de shì.

显得年轻多了。Xiǎn de niánqīng duō le. 젊어 보이세요.

06 | 语法 어법

1 显得

▶ 显得는 동사 '…하게 보이다, …인 것처럼 보이다'라는 의미로 술어 앞에 쓰여서 어떤 상황이 드러남을 나타냅니다.

> **张总, 您换的这个发型, 显得年轻多了。**
> Zhāng zǒng, nín huàn de zhège fàxíng, xiǎn de niánqīng duō le.
> 장사장님, 헤어스타일 바꾸시니까 젊어 보이세요.

> **不知道有什么事, 他今天显得很不高兴。**
> Bù zhīdào yǒu shénme shì, tā jīntiān xiǎn de hěn bù gāoxìng.
> 무슨 일이 있는지는 모르겠지만 그는 오늘 기분이 안 좋아 보여요.

> **跟女孩子说话, 他总是显得很紧张。**
> Gēn nǚháizi shuōhuà, tā zǒngshì xiǎn de hěn jǐnzhāng.
> 여자아이하고 말할 때, 그는 늘 긴장한 것처럼 보여요.

2 对…来说

▶ 对…来说는 '…에게 있어서, …의 입장에서 보면'이라는 의미로 '对+대상+来说' 형식으로 사용합니다.

> **对男人来说, 发型也很重要。**
> Duì nánrén láishuō, fàxíng yě hěn zhòngyào.
> 남자에게 있어서, 헤어스타일은 매우 중요해요.

> **对孩子来说, 最好的老师就是父母。**
> Duì háizi láishuō, zuìhǎo de lǎoshī jiùshì fùmǔ.
> 아이에게 있어서, 말하자면 가장 좋은 선생님은 부모예요.

> **对他来说, 这件事对他的影响太大了。**
> Duì tā láishuō, zhèjiàn shì duì tā de yǐngxiǎng tài dà le.
> 그에게 있어서, 말하자면 이 일은 그에게 영향이 너무 커요.

3 再说

▶ 再说는 접속사 '게다가'라는 의미로 추가적으로 보충 설명할 때 사용합니다.

再说, 节食减肥可不是好方法。
Zàishuō, jiéshí jiǎnféi kě búshì hǎo fāngfǎ.
게다가 안 먹고 다이어트 하는 것은 좋은 방법이 아니에요.

我不去了, 再说今天我也没时间。
Wǒ búqù le, zàishuō jīntiān wǒ yě méi shíjiān.
나 안 갈거예요, 게다가 오늘 시간도 없어요.

今天还是在家学习吧, 再说下周就要考试了。
Jīntiān háishì zàijiā xuéxí ba, zàishuō xiàzhōu jiùyào kǎoshì le.
오늘은 집에 있는 게 좋겠어요, 게다가 다음 주면 시험이에요.

4 不仅…而且…

▶ 不仅…而且…는 '…뿐만 아니라 또한…'라는 의미로 사용되며, '不但…而且…'와 의미가 같습니다.

瘦了不仅穿衣服好看, 而且人也变得有自信。
Shòu le bùjǐn chuān yīfu hǎokàn, érqiě rén yě biàn de yǒu zìxìn.
날씬해지면 옷 핏도 좋고, 사람도 자신감이 생겨요.

他不仅学习好, 而且工作能力也很好。
Tā bùjǐn xuéxí hǎo, érqiě gōngzuò nénglì yě hěn hǎo.
그는 공부를 잘 할 뿐만 아니라 업무능력도 매우 뛰어나요.

这家旅行社不仅服务好, 价格也很合理。
Zhè jiā lǚxíngshè bùjǐn fúwù hǎo, jiàgé yě hěn hélǐ.
이 여행사는 서비스 좋을 뿐만 아니라 가격도 합리적이에요.

07 | 练习 연습

1 녹음을 듣고 녹음의 대화와 일치하는 그림을 선택하여 체크 해주세요.

❶ ☐

❷ ☐

2 다음 <보기>를 보고 질문에 해당되는 대답을 골라 대화를 완성하세요.

< 보기 >

A. 您想要什么样的发型?

B. 我去美发厅。

C. 先洗头, 然后再剪吧。

D. 你怎么知道?

질문 ▶ 问：你是不是换发型了?

정답 _____

3 다음 주어진 단어를 순서에 맞게 배열하세요.

❶ 发型   很精神   新换的   这次   显得

❷ 对…来说   发型   男人   重要   也   很

❸ 胃口   舒服   不   我   没什么   身体

❹ 减肥   效果   不是那么   只靠   好   运动

4 다음 밑줄 친 부분에 알맞은 내용을 채워 넣어 대화를 완성하세요.

| A. 重要 | B. 随便 | C. 坚持 |

❶ A: 明天你想去哪儿玩?
B: _____ 去哪儿都行, 你想去哪儿啊?

❷ A: 他实在跑不动了。
B: 再 _____ 一下, 还有最后一公里。

❸ A: 这次的活动, 对我们公司来说, 非常 _____ 。
B: 我们一定会努力做好这次活动的。

08 | 歇后语 헐후어

1

和尚打伞 —— 无法无天
héshàng dǎsǎn - wúfǎ wútiān

'스님이 우산을 쓰다'라는 뜻으로 법도 무시하고 하늘도 꺼리지 않다는 의미로 도리에 어긋나는 짓을 아무 거리낌 없이 행동하는 사람을 일컬을 때 사용합니다.

2

脱裤子放屁 —— 多此一举
tuō kùzi fàngpì - duōcǐyìjǔ

'바지를 벗고 방귀를 뀌다'라는 뜻으로 방귀를 뀌기 위해 옷을 벗는 동작은 불필요하다는 의미로 쓸데없는 짓을 하거나 공연한 짓을 하는 사람을 일컬을 때 사용합니다.

3

刘备借荆州 —— 只借不还
liúbèi jiè jīngzhōu - zhǐ jiè bù huán

'유비가 손권에게 진저우(荆州)의 땅을 빌렸다'라는 뜻으로 역사적인 고사를 토대로 빌려가면 돌려주지 않는다는 의미로 사용합니다. 하지만 역사 기록에 의하면 빌렸던 땅을 돌려주었으니 유비가 이 말을 들으면 억울할 것입니다.

✅ 중국 역사상 유일한 여화제 - 측천무후

측천무후는 남성 위주의 봉건와조 사회에서 여성의 몸으로 일개 후궁에서 황후로, 다시 황제로 등극한 중국 역사 중의 유일한 여황제입니다.

당나라 때 예종 즉위 뒤 측천무후가 국정의 전면에 본격적으로 나서면서 자신이 낳은 아들이자 황태자였던 이홍과 이현(李賢)을 죽이고, 역시 아들인 중종 이현(李顯)을 폐위시키고 막내 이륜을 등극시킨 측천무후입니다. 그러나 이게 끝이 아니었습니다.

예종도 690년 사실상 폐위시켜 황태자 지위로 강등시키고 측천무후 자신이 제위에 올랐습니다. 나라 이름을 대주(大周)로 바꾸고 수도도 장안에서 낙양(신도(神都)로 이름을 바꿈)으로 옮겼습니다. 측천무후가 세운 주나라를 공자 시대 주나라와 구별하여 무주(武周)라 일컫기도 합니다.

중국 역사는 가장 잔인하고 교만하였다고 그녀를 평가하기도 하지만, 남성 위주의 권력에 도전하여 그 뜻을 펼친 비범한 여인이라고 평가하기도 합니다.

第 2 课

这个主意不错。
Zhège zhǔyi búcuò.
이 아이디어가 괜찮습니다.

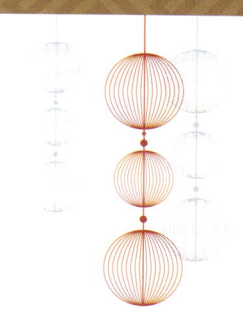

01 주요표현 · 선물 준비 및 물건 분실 관련 표현

02 주요어법
· '认为'
· '不如'
· '别提'
· '要不然'

01 | 准备 준비하기

单词 단어

应该 yīnggāi	동 마땅히 …해야 한다
讲究 jiǎngjiu	동 중히 여기다 / 소중히 하다
特色 tèsè	명 특색 / 특징
茶 chá	명 차
不如 bùrú	동 …만 못하다
重视 zhòngshì	명 중시 / 동 중시하다
订 dìng	동 예약하다 / 주문하다

客户 kèhù	명 고객 / 거래처
认为 rènwéi	동 여기다 / 생각하다
烟 yān	명 담배
瓶 píng	명 병
茶叶 cháyè	명 차의 잎
普洱茶 pǔ'ěrchá	명 보이차
盒 hé	명 통 / 갑

팔선생 Tip

보이차는 오래 묵을수록 맛이나 향, 약효가 더 뛰어난 차로 알려져 오래된 차들은 엄청나게 비싼 가격으로 판매되고 있습니다. 보이차는 또 제조 방법에 따라 크게 생차(生茶)와 숙차(熟茶)로 나눕니다. 구분의 기준은 차를 완성할 당시에 발효가 되었느냐 되지 않았느냐에 달려 있으며, 발효시키지 않은 찻잎으로 만든 차가 생차, 이미 발효된 찻잎으로 만든 차가 숙차입니다. 생차이면서 그 모양이 병차인 차를 흔히 생병(혹은 청병)이라 하고, 숙차이면서 병차인 차를 숙병이라고 합니다.

02 | 会话 회화

고객 선물 준비하는 표현

张伟民 Zhāng wěimín

我下个星期要去韩国出差，你说应该送什么给客户呢？
Wǒ xiàge xīngqī yào qù Hánguó chūchāi, nǐshuō yīnggāi sòng shénme gěi kèhù ne?
다음 주에 한국 출장 가는데, 고객에게 어떤 선물을 해야 할까요?

金铉雅 Jīn xuànyǎ

大部分韩国人在送礼物的时候，没有太多的讲究。
Dàbùfen Hánguó rén zài sòng lǐwù de shíhou, méiyǒu tài duō de jiǎngjiū.
대부분 한국사람은 선물 줄 때 선물에 대해 많이 따지지 않아요.

张伟民 Zhāng wěimín

那你们韩国人喜欢什么礼物啊？
Nà nǐmen Hánguó rén xǐhuān shénme lǐwù a?
그럼 한국사람이 좋아하는 선물은 뭐예요?

金铉雅 Jīn xuànyǎ

我认为送一些有中国特色的东西比较好。
Wǒ rènwéi sòng yìxiē yǒu zhōngguó tèsè de dōngxi bǐjiào hǎo.
제 생각에는 중국 특색 있는 선물이 좋을 것 같습니다.

张伟民 Zhāng wěimín

我们中国人送礼时，大部分送烟酒茶。你看送酒怎么样？
Wǒmen Zhōngguó rén sònglǐ shí, dàbùfen sòng yān jiǔ chá. Nǐkàn sòng jiǔ zěnmeyàng?
우리 중국사람들은 선물 줄 때 대부분 담배, 술, 차를 줘요. 술을 선물하는 게 어때요?

金铉雅 Jīn xuànyǎ

酒也不错。
不过坐飞机，您只能带一瓶，不如送点儿茶叶吧。
Jiǔ yě búcuò. Búguò zuò fēijī, nín zhǐnéng dài yìpíng, bùrú sòng diǎnr cháyè ba.
술도 나쁘지 않습니다. 그러나 비행기 탑승하시려면 술은 한 병만 휴대 가능하니, 차라리 차를 선물하는 것이 좋겠습니다.

张伟民
Zhāng wěimín

这个主意不错。最近都重视健康，那就送茶叶吧。
Zhège zhǔyi búcuò.
Zuìjìn dōu zhòngshì jiànkāng, nà jiù sòng cháyè ba.
좋은 생각이에요. 요즘 다들 건강을 중요하게 여기니까 그럼 차를 선물할게요.

金铉雅
Jīn xuànyǎ

韩国人比较喜欢中国的普洱茶，我帮您订几盒普洱茶吧。
Hánguó rén bǐjiào xǐhuān Zhōngguó de pǔ'ěrchá,
wǒ bāng nín dìng jǐ hé pǔ'ěrchá ba.
한국사람은 중국의 보이차를 좋아해요. 제가 보이차를 몇 박스 주문해드리겠습니다.

★ 客户[kèhù]와 顾客[gùkè]는 모두 명사로써 '고객'이라는 의미입니다. 다만 두 단어는 다소 차이가 있습니다. 客户는 주로 비즈니스 할 때 만나는 거래처의 '고객'을 의미하는 반면 顾客는 백화점, 식당 등의 '고객'을 의미합니다.

 说一说

고객을 만났을 때 어떤 선물을 주는 것이 좋을지에 대해 이야기 해보세요.

03 | 准备 준비하기

单词 단어

☐ 落汤鸡 luòtāngjī	물에 빠진 병아리 [물에 흠뻑 젖어 몰골이 초췌한 모양을 비유적으로 이르는 말.]	☐ 伞 sǎn	몡 우산
☐ 提 tí	동 언급하다	☐ 落 là	동 빠뜨리다 / 빠지다 / 누락되다
☐ 把 bǎ	양 (우산 열쇠 등 셀 때) 개	☐ 教训 jiàoxùn	몡 교훈
☐ 淋 lín	동 (비를) 맞다	☐ 擦 cā	동 문지르다 / (천이나 수건 따위로) 닦다
☐ 湿 shī	형 질벅하다 / 축축하다	☐ 顾 gù	동 정신을 집중하다 / 주의하다
☐ 直接 zhíjiē	몡 직접(의) 형 직접적(인)	☐ 马大哈 mǎdàhā	몡 [속어]부주의한 사람
☐ 要不然 yàoburán	그렇지 않으면	☐ 今后 jīnhòu	몡 금후 / 이제로부터
☐ 雨衣 yǔyī	몡 우의 / 비옷	☐ 收 shōu	동 (물건을) 거두어들이다 / 거두다

팔선생 Tip

중국 민간 예술 전통 종이 우산은 2008년 중국 국가급 비물질 문화유산에 등록되었습니다. 전통공예는 역사가 오래되었으며 중국 민간 우산예술의 살아있는 화석이라고 불리고 있습니다. 가장 오래된 유시적인 돌 인쇄 방법을 사용하고 있으며 절단에서 도안까지 70여개의 공정을 모두 수작업으로 이루어집니다.

04 | 会话 회화

물건 분실에 관한 표현

李明
Lǐ míng

你怎么成了落汤鸡？出门的时候，没打伞吗？
Nǐ zěnme chéngle luòtāngjī? Chūmén de shíhou, méi dǎsǎn ma?
어쩌다 물에 빠진 생쥐가 되었어요? 외출할 때 우산 쓰지 않았어요?

金铉雅
Jīn xuànyǎ

别提了，我又把雨伞落在地铁上了。
Bié tí le, wǒ yòu bǎ yǔsǎn là zài dìtiě shàng le.
말도 꺼내지 마세요. 우산을 또 지하철에 두고 내렸어요.

李明
Lǐ míng

地铁站有卖雨伞的，你没买一把啊？
Dìtiězhàn yǒu mài yǔsǎn de, nǐ méi mǎi yìbǎ a?
지하철에도 우산 파는 데 있는데, 왜 하나 사지 않았어요?

金铉雅
Jīn xuànyǎ

这可是我今年丢的第三把雨伞了。
为了给自己一个教训，我就淋着雨跑过来了。
Zhè kěshì wǒ jīnnián diū de dìsān bǎ yǔsǎn le.
Wèile gěi zìjǐ yíge jiàoxùn, wǒ jiù línzhe yǔ pǎo guòlái le.
이것은 제가 올해 세 번째 잃어버린 우산이에요. 반성하기 위해 그냥 비를 맞고 뛰어 왔어요.

李明
Lǐ míng

哎！你这样容易感冒。赶紧擦擦吧。
坐地铁的时候，你没拿着雨伞吗？
Āi! Nǐ zhèyàng róngyì gǎnmào. Gǎnjǐn cāca ba.
Zuò dìtiě de shíhou, nǐ méi ná zhe yǔsǎn ma?
아이구! 이러면 쉽게 감기에 걸려요. 얼른 닦아요. 지하철 탈 때 우산 손에 들지 않았어요?

金铉雅
Jīn xuànyǎ

雨伞湿了，我就把它放在地上了。
光顾着玩手机，到站我就直接下车了，下了车才想起来。
Yǔsǎn shī le, wǒ jiù bǎ tā fàng zài dì shang le. Guāng gùzhe wán shǒujī, dào zhàn wǒ jiù zhíjiē xiàchē le, xià le chē cái xiǎngqǐlái.
우산이 젖어서 바닥에 내려놓았어요.
휴대폰 가지고 놀다가 역에 도착해서 내렸는데, 내리고 보니 생각난 거 있죠.

李明
Lǐ míng

你可真是个马大哈。
要不然，今后下雨的时候，你就别打伞了，穿雨衣吧。
上车的时候，把雨衣收起来。这样就不会丢了。

Nǐ kě zhēnshì gè mǎdàhā.
Yàoburán, jīnhòu xiàyǔ de shíhou, nǐ jiù bié dǎsǎn le, chuān yǔyī ba.
Shàngchē de shíhou, bǎ yǔyī shōuqǐlái. Zhèyàng jiù búhuì diū le.

당신은 정말 덜렁이군요. 아니면, 오늘 이후부터 비가 오면 우산 쓰지 말고 우비를 입어요.
차 탈 때 우비를 정리하면 잃어버릴 일은 없을 거예요.

金铉雅
Jīn xuànyǎ

看来以后我还真得穿雨衣出门了。
Kànlái yǐhòu wǒ hái zhēn děi chuān yǔyī chūmén le.
나중에 정말 우비를 입고 나와야겠어요.

팔선생
비법노트

★ 把[bǎ]는 중국어에서 여러가지 의미를 가지고 있습니다.

① 동사 '(손으로) 쥐다, 잡다'라는 의미입니다.
  예) 你帮我把一下门。 [Nǐ bāng wǒ bǎ yíxià mén.]
    저를 도와 문을 좀 잡아주세요.

② 명사 '끌채, 운전대, 핸들' 라는 의미입니다.
  예) 握紧车把儿。 [Wòjǐn chēbǎr.] 핸들을 꽉 쥐다.

说一说 물건 잃어버렸던 경험이 있는지,
       있다면 어떻게 잃어버렸는지에 대해 이야기 해보세요.

05 | 关键表达 패턴

1 딱히 신경을 쓰지 않음을 나타내는 没有太多的讲究의 활용

送礼　Sònglǐ	
我对吃　Wǒ duì chī	没有太多的讲究。
他对穿衣服　Tā duì chuān yīfu	méiyǒu tài duō de jiǎngjiū.
他对礼节　Tā duì lǐjié	

2 ~라고 여기다를 나타내는 认为의 활용

我认为 Wǒ rènwéi	送一些有中国特色的东西比较好。 sòng yìxiē yǒu zhōngguó tèsè de dōngxi bǐjiào hǎo. 教小孩子不是一件容易的事。 jiāo xiǎo háizi búshì yíjiàn róngyì de shì. 处理好同事间关系很重要。 chǔlǐ hǎo tóngshì jiān guānxi hěn zhòngyào. 好的广告是能让人记住的。 hǎo de guǎnggào shì néng ràng rén jìzhù de.

3 위하여를 나타내는 为了의 활용

为了 Wèile	给自己一个教训， 我就淋着雨跑过来了。 gěi zìjǐ yígè jiàoxùn, wǒ jiù línzhe yǔ pǎo guòlái le. 合作愉快，干杯。 hézuò yúkuài, gānbēi. 学好汉语，他打算去留学。 xuéhǎo hànyǔ, tā dǎsuàn qù liúxué. 健康，他坚持运动。 jiànkāng, tā jiānchí yùndòng.

4 직접을 나타내는 直接의 활용

到站我就直接 Dào zhàn wǒ jiù zhíjiē	下车了， 下了车才想起来。 xiàchē le, xià le chē cái xiǎng qǐlái.
上了车我就直接 Shàng le chē wǒ jiù zhíjiē	睡着了。 shuìzháo le.
回到家我就直接 Huídào jiā wǒ jiù zhíjiē	进了厨房。 jìn le chúfáng.
买完东西我就直接 Mǎiwán dōngxi wǒ jiù zhíjiē	回家了。 huíjiā le.

06 | 语法 어법

1 认为

▶ 认为는 분석적 사고를 통해 신중한 판단을 내릴 때 사용합니다.

> **我认为送一些有中国特色的东西比较好。**
> Wǒ rènwéi sòng yìxiē yǒu zhōngguó tèsè de dōngxi bǐjiào hǎo.
> 제 생각에는 중국의 특색 있는 것을 선물하는 것이 좋아요.
>
> **大家都认为他最适合负责这个工作。**
> Dàjiā dōu rènwéi tā zuì shìhé fùzé zhègè gōngzuò.
> 다들 그가 이 일을 맡는 게 가장 적합하다고 생각해요.
>
> **我不认为这是正确的选择。**
> Wǒ bú rènwéi zhèshì zhèngquè de xuǎnzé.
> 나는 이것이 맞는 선택이라고 생각하지 않아요.

2 不如

▶ 不如는 대체로 비교 할 때 주로 사용되며 'A는 B보다 ~못하다'라는 의미로 사용됩니다.
没有와의 용법이 유사하나 'A没有 B' 뒤에 형용사가 반드시 있어야 하는 반면 'A 不如 B' 경우 뒤에 형용사는 생략 가능합니다.

> **不过坐飞机, 您只能带一瓶, 不如送点儿茶叶吧。**
> Búguò zuò fēijī, nín zhǐnéng dài yìpíng, bùrú sòng diǎnr cháyè ba.
> 그러나 비행기 탑승하시면 술 한 병만 휴대 가능하니, 차라리 차를 선물하는 것이 좋겠습니다.
>
> **我觉得买菜做饭不如点外卖方便。**
> Wǒ juéde mǎicài zuòfàn bùrú diǎn wàimài fāngbiàn.
> 내 생각에는 반찬 사고 요리하는 것보다 배달 시키는 게 더 편리해요.
>
> **批评孩子不如鼓励孩子。**
> Pīpíng háizi bùrú gǔlì háizi.
> 아이를 혼내는 것은 아이를 격려하는 것보다 못해요.

3　别提

▶ 과장된 어투로 정도가 심함을 표현합니다. '더 말할 나위 없이 ~하다'라는 뜻으로, 대체로 뒤에 '多+형용사/동사+了'의 형식으로 자주 쓰입니다.

别提了，我又把雨伞落在地铁上了。
Bié tí le, wǒ yòu bǎ yǔsǎn là zài dìtiě shàng le.
말도 꺼내지 마세요. 우산을 또 지하철에 두고 내렸어요.

长白山的景色别提多美了。
Chángbáishān de jǐngsè bié tí duō měi le.
백두산의 경치는 더 말할 나위가 없어요.

这次面试别提多紧张了。
Zhècì miànshì bié tí duō jǐnzhāng le.
이번 면접은 얼마나 긴장했는지 몰라요.

4　要不然

▶ 要不然는 '그렇지 않으면'이라는 뜻으로 발생하지 않은 상황에 대한 '가정'이나 '추측'의 의미가 있는 문장이 자주 쓰입니다.

要不然，今后下雨的时候，你就别打伞了，穿雨衣吧。
Yàoburán, jīnhòu xiàyǔ de shíhou, nǐ jiù bié dǎsǎn le, chuān yǔyī ba.
아니면 나중에 비가 올 때, 우산을 쓰지 말고, 우비를 입으세요.

要不然你再休息一下吧。
Yàoburán nǐ zài xiūxi yíxià ba.
아니면 좀 더 쉬세요.

你赶快给他打个电话吧，要不然他会生气的。
Nǐ gǎnkuài gěi tā dǎ ge diànhuà ba, yàoburán tā huì shēngqì de.
얼른 그에게 전화 하세요, 그렇지 않으면 그가 화낼 거예요.

07 | 练习 연습

1 녹음을 듣고 녹음의 대화와 일치하는 그림을 선택하여 체크 해주세요.

❶ ☐

❷ ☐

2 다음 <보기>를 보고 질문에 해당되는 대답을 골라 대화를 완성하세요.

< 보기 >

A. 中国人送礼时，喜欢送一些烟酒茶。

B. 也不错，不过不如送一些茶叶更合适。

C. 韩国人喜欢普洱茶。

D. 你说送什么礼物好呢？

질문 ▶ 问：你说送客户白酒怎么样？

정답 ▶ _____

3 다음 주어진 단어를 순서에 맞게 배열하세요.

❶ 讲究   中国人   对   吃   很

_____

❷ 喜欢   中国人   送礼时   烟酒茶   送

_____

❸ 我   车租车上   又把   落在   手机   了

_____

❹ 顾   聊天   光   着   了

_____

4 다음 밑줄 친 부분에 알맞은 내용을 채워 넣어 대화를 완성하세요.

| A. 认为 | B. 不如 | C. 别提 |

❶ A: 那家餐厅的菜怎么样?
   B: _____多好吃了。

❷ A: 你对这件事怎么想?
   B: 我_____应该先听听大家的意见。

❸ A: 你觉得这两件哪个比较合适?
   B: _____这两件都买了吧。

08 | 歇后语 헐후어

1

诸葛亮借箭 —— 有借无还
Zhū gěliàng jiè jiàn - yǒujièwúhái

'제갈량이 빌린 화살'이라는 뜻으로 적벽대전 시 제갈량이 짚더미를 쌓은 작은 배 20척을 이끌고 조조 진영에 다가가 화살을 쏘게 하여 10만 대에 달하는 화살을 획득했던 고사에서 일어난 일을 빗대어 빌리기만 하고 갚지 않을 때 사용합니다.

2

诸葛亮弹琴 —— 临危不乱
Zhū gěliàng tán qín - línwēibúluàn

'제갈량 거문고를 치다'라는 뜻으로 매우 긴박한 상황에도 불구하고 제갈량은 당황하지 않고 침착하게 대처할 수 있는 일에 빗대어 어떤 위험 및 위기가 앞에 있어도 흐트러짐이 없을 때 사용합니다.

3

诸葛亮借东风 —— 神机妙算
Zhū gěliàng jiè dōngfēng - shénjīmiàosuàn

'제갈량의 기세를 빌리다'라는 의미로 제갈량이 기세를 미리 예측할 수 있다는 점에 빗대어 시세를 먼저 파악하고 대책할 수 있다는 상황을 일컬을 때 사용합니다.

✅ 중국어 해음 현상

해음 현상은 어떤 한 단어가 음이 같거나 비슷하여 다른 단어의 이미지를 연상하게 되는 현상을 말합니다. 중국어로는 谐音[xiéyīn]이고, 뜻은 '음을 맞추다' 혹은 '한자에서 같거나 비슷한 음' 입니다.

중국에서는 춘절 전날 가족들이 함께 모여 만두를 빚고, 새해가 시작되는 밤 12시부터 빚은 만두를 먹는 문화가 있습니다. 만두를 뜻하는 饺子[jiǎozi]와 자시(밤 11시부터 새벽 1시)가 바뀌는 시간인 交子[jiāozi]가 서로 해음 현상이라고 할 수 있습니다.

우리나라의 추석에 해당하는 중국의 중추절은 춘절 다음으로 중요시하는 명절인데요, 이날에는 달에 제사를 지내며 풍년을 기원하고, 가족들이 둘러 앉아 달을 감상하며 월병을 먹는 풍습이 있다고 합니다. 둥근 달과 비슷한 모양인 월병(月饼[yuèbǐng])이 가족들이 둥글게 모여앉은 모습(团圆[tuányuán])과 둥근 달(月[yuè])이 해음 현상을 이룹니다. 그렇기 때문에 월병은 가족들과의 단결과 원만함을 상징한다고 합니다.

第 3 课

雾霾越来越严重。
Wùmái yuèláiyuè yánzhòng le.

스모그가 갈수록 심해져요.

01 주요표현
- 환경오염과 관련된 표현

02 주요어법
- '不见得'
- '至少'
- '尽量'
- '不管…都'

01 | 准备 준비하기

单词 단어

几乎 jīhū	튀 거의	蓝天 lántiān	명 푸른 하늘
雾霾 wùmái	명 초미세먼지 / 스모그	次数 cìshù	명 횟수
口罩 kǒuzhào	명 마스크	化妆 huàzhuāng	동 화장하다
不见得 bújiànde	동 반드시 …라고는 할 수 없다	防护 fánghù	동 방어하고 지키다
作用 zuòyòng	동 작용하다	至少 zhìshǎo	튀 최소한
安心 ānxīn	동 안심하다	解决 jiějué	동 해결하다
现象 xiànxiàng	명 현상	政府 zhèngfǔ	명 정부
加大 jiādà	동 확대하다	力度 lìdù	명 힘 / 기력
进行 jìnxíng	동 진행하다	管理 guǎnlǐ	명 관리 / 동 관리하다
呼吸道疾病 hūxīdào jíbìng	명 호흡기 질환		

팔선생 Tip

중국에서는 대기 오염을 줄이기 위해 자동차 구매 제한으로 주요 대도시에서 차량 등록을 하려면 번호판 비용만 최소 7만 위안(약 1200만 원)에 이르기 때문에 이동 수단으로 자전거의 수요가 꾸준히 증가하고 있습니다. 또한 이러한 추세에 따라 O2O(Online to Online) 서비스를 통한 자전거 공유 서비스가 큰 인기를 얻고 있습니다.

第3课 | 雾霾越来越严重了。 Wùmái yuèláiyuè yánzhòng le. 스모그가 갈수록 심해져요.

02 | 会话 회화

미세먼지에 관한 표현

金铉雅
Jīn xuànyǎ

今年冬天，我几乎都没见过蓝天。空气真是越来越差了。
Jīnnián dōngtiān, wǒ jīhū dōu méi jiànguò lántiān. Kōngqì zhēn shì yuèláiyuè chà le.
올해 겨울은, 거의 파란 하늘을 본 적이 없어요. 공기가 점점 안 좋아져요.

李明
Lǐ míng

是啊，今年的冬天雾霾次数好像比去年更多了。
Shì a, jīnnián de dōngtiān wùmái cìshù hǎoxiàng bǐ qùnián gèng duō le.
맞아요, 올해 겨울은 스모그 횟수도 작년에 비해 더 늘었어요.

金铉雅
Jīn xuànyǎ

雾霾天气出门就得戴口罩，可是大部分女人化妆，戴口罩实在太不方便了。
Wùmái tiānqì chūmén jiù děi dài kǒuzhào, kěshì dàbùfen nǚrén huàzhuāng, dài kǒuzhào shízài tài bù fāngbiàn le.
스모그 날씨에 외출하려면 마스크를 해야 해요,
그러나 대부분 여자들은 화장을 하기 때문에 마스크를 하면 정말 불편해요.

李明
Lǐ míng

问题是戴了口罩，也不见得就能起到防护作用啊。
Wèntí shì dài le kǒuzhào, yě bújiàndé jiù néng qǐdào fánghù zuòyòng a.
문제는 마스크를 해도, 미세먼지를 차단하는 역할을 잘한다고 할 수도 없어요.

金铉雅
Jīn xuànyǎ

谁说不是呢。不过，至少戴口罩安心一些。
Shuí shuō búshì ne. Búguò, zhìshǎo dài kǒuzhào ānxīn yìxiē.
누가 아니래요. 하지만, 적어도 마스크를 하면 조금 안심이 돼요.

李明
Lǐ míng

为了解决雾霾现象，政府应该加大力度进行管理才行。
Wèile jiějué wùmái xiànxiàng, zhèngfǔ yīnggāi jiādà lìdù jìnxíng guǎnlǐ cái xíng.
스모그를 해결하기 위해, 정부는 관리를 강화해야 해요.

金铉雅 Jīn xuànyǎ

前几天我因为嗓子疼去了医院，医院里好多人都是来看呼吸道疾病的。
Qián jǐ tiān wǒ yīnwèi sǎngzi téng qù le yīyuàn, yīyuàn lǐ hǎo duō rén dōu shì lái kàn hūxīdào jíbìng de.
며칠 전 목이 아파서 병원에 갔더니 병원에 호흡기 질환으로 병원 온 사람들이 많았어요.

李明 Lǐ míng

这雾霾天，只能尽量少出门，减少户外活动，多喝热水。
Zhè wùmái tiān, zhǐ néng jǐnliàng shǎo chūmén, jiǎnshǎo hùwài huódòng, duō hē rèshuǐ.
스모그 날씨에는 되도록 외출을 자제하고 실외 운동을 적게 하고, 따뜻한 물을 많이 마셔야 해요.

★ 几乎[jīhū]는 差不多[chàbuduō]와 같이 모두 부사로 '거의'라는 의미를 가지고 있습니다. 다만 几乎는 주로 문어체로 사용되고 差不多는 주로 구어체로 일상생활에 많이 사용됩니다.

说一说 미세먼지를 줄이기 위해 실천하고 있는 것에 대해 이야기해보세요.

03 | 准备 준비하기

单词 단어

- **星巴克** xīngbākè — 명 [기업명] 스타벅스
- **马克杯** mǎkè bēi — 명 머그컵
- **塑料** sùliào — 명 플라스틱 비닐
- **吸管** xīguǎn — 명 빨대
- **严重** yánzhòng — 형 중대하다 / 심각하다
- **白色垃圾** báisè lājī — 동 (일회용 비닐봉지 등) 플라스틱류 쓰레기
- **不管** bùguǎn — 접 …에 관계없이
- **墨汁** mòzhī — 명 먹물
- **环保** huánbǎo — 명 환경 보호
- **责任** zérèn — 명 책임
- **使用** shǐyòng — 명 사용 / 동 사용하다
- **一次性** yīcìxìng — 명 일회용
- **包装** bāozhuāng — 명 포장 / 동 포장하다
- **污染** wūrǎn — 명 환경 오염
- **连锁店** liánsuǒdiàn — 명 연쇄점 / 체인 스토어
- **用品** yòngpǐn — 명 용품
- **环保袋** huánbǎo dài — 명 에코백
- **力量** lìliang — 명 힘
- **共同** gòngtóng — 형 공동의 / 공통의

팔선생 Tip

최근 중국에서는 환경 보호를 위해 마트에서 일반 비닐봉지를 판매하지 않고 그대신 에코백을 판매합니다. 그래서 에코백이나 텀블러를 가지고 다니시는 분들이 많습니다. 중국에서는 에코백을 环保购物袋[huánbǎo gòuwù dài]를 줄여서 环保袋[huánbǎo dài] 또는 环保包[huánbǎo bāo]라고 합니다. 텀블러는 随行杯[suíxíng bēi] 또는 随身杯[suíshēn bēi]라고 합니다.

04 | 会话 회화

환경보호 관련 표현

李明
Lǐ míng

今天我和朋友去星巴克,
发现在店里喝咖啡的话, 他们使用马克杯。
Jīntiān wǒ hé péngyou qù xīngbākè,
fāxiàn zài diànlǐ hē kāfēi de huà, tāmen shǐyòng mǎkè bēi.
오늘 친구와 같이 스타벅스에 갔는데, 가게에서 커피 마실 때, 머그컵을 사용하더라고요.

金铉雅
Jīn xuànyǎ

是吗? 那打包的话, 还是使用一次性的塑料杯吗?
Shìma?
Nà dǎbāo dehuà, háishì shǐyòng yícìxìng de sùliào bēi ma?
그래요? 그럼 테이크아웃 하면 여전히 일회용 플라스틱 컵을 사용해요?

李明
Lǐ míng

对, 不过他们的塑料杯也改了包装。
塑料杯可以不使用吸管就能喝了。
Duì, búguò tāmen de sùliào bēi yě gǎi le bāozhuāng.
Sùliào bēi kěyǐ bù shǐyòng xīguǎn jiù néng hē le.
네, 그런데 플라스틱 컵도 바뀌었더라고요.
플라스틱 컵은 빨대를 쓰지 않아도 마실 수 있어요.

金铉雅
Jīn xuànyǎ

最近环境污染比较严重,
像星巴克这样的连锁店, 都开始环保了。
Zuìjìn huánjìng wūrǎn bǐjiào yánzhòng,
xiàng xīngbākè zhèyàng de liánsuǒdiàn, dōu kāishǐ huánbǎo le.
요즘 환경 오염이 비교적 심각해서,
스타벅스 같은 체인점은 다 환경보호를 하기 시작했어요.

李明
Lǐ míng

为了减少白色垃圾, 应该尽量不使用一次性用品。
Wèile jiǎnshǎo báisè lājī, yīnggāi jǐnliàng bù shǐyòng yícìxìng yòngpǐn.
플라스틱 쓰레기를 줄이기 위해, 되도록 일회용 용품을 쓰지 않아야 해요.

金铉雅
Jīn xuànyǎ

所以如果自己带杯子去买咖啡的话, 还能优惠呢。
Suǒyǐ rúguǒ zìjǐ dài bēizi qù mǎi kāfēi dehuà, hái néng yōuhuì ne.
그래서 만약 본인 컵을 가지고 커피를 사러 가면 특혜도 받을 수 있어요.

李明
Lǐ míng

现在不管去哪儿, 都改用环保袋了,
而且发票也改用蓝色的墨汁了。
Xiànzài bùguǎn qù nǎr, dōu gǎiyòng huánbǎo dài le,
érqiě fāpiào yě gǎiyòng lánsè de mòzhī le.
지금 어디를 가든 모두 에코백을 사용하고, 게다가 영수증도 파란색 잉크로 바꾸었어요.

金铉雅
Jīn xuànyǎ

光靠一个人的力量是不够的, 环保是我们大家共同的责任。
Guāng kào yíge rén de lìliang shì búgòu de,
huánbǎo shì wǒmen dàjiā gòngtóng de zérèn.
단지 한 사람의 힘으로는 부족해요, 환경보호는 우리 모두의 책임이에요.

팔선생
비법노트

★ 环保[huánbǎo]는 环境保护[huánbǎo bǎohù]의 약칭 '환경 보호'의 줄임말입니다. 중국어에서는 상당히 많은 단어가 줄여서 사용되고 있습니다.

예) 今晚 [jīnwǎn] = 今天晚上 [jīntiān wǎnshang] 오늘 밤
参赛 [cānsài] = 参加比赛 [cānjiā bǐsài] 시합에 참가하다

说一说

서로 환경 보호를 하기 위해 어떤 노력을 하고 있는지에 대해
이야기 해보세요.

05 | 关键表达 패턴

1 거의를 나타내는 几乎의 활용

我几乎 Wǒ jīhū	都没见过蓝天。 dōu méi jiànguò lántiān.
他几乎 Tā jīhū	天天都加班。 tiāntiān dōu jiābān.
我几乎 Wǒ jīhū	都忘了怎么说英语了。 dōu wàng le zěnme shuō yīngyǔ le.
小李几乎 Xiǎo lǐ jīhū	三年都是全校第一名。 sānnián dōu shì quánxiào dìyī míng.

2 최소한을 나타내는 至少의 활용

	戴口罩安心一些。 dài kǒuzhào ānxīn yìxiē.
至少 Zhìshǎo	还要三天才能出院。 hái yào sāntiān cái néng chūyuàn.
	还有你理解我。 hái yǒu nǐ lǐjiě wǒ.
	两人份才能送外卖。 liǎngrén fèn cái néng sòng wàimài.

3 ~위해 ~해야한다를 나타내는 为了~, 应该~의 활용

为了减少白色垃圾, Wèile jiǎnshǎo báisè lājī,	应该尽量不使用一次性用品。 yīnggāi jǐnliàng bù shǐyòng yícìxìng yòngpǐn.
为了健康, Wèile jiànkāng,	应该少喝酒, 多运动。 yīnggāi shǎo hējiǔ, duō yùndòng.
为了取得好成绩, Wèile qǔdé hǎo chéngjì,	应该努力工作。 yīnggāi nǔlì gōngzuò.
为了省时间, Wèile shěng shíjiān,	应该坐地铁。 yīnggāi zuò dìtiě.

4 단지 ~만 의지하다를 나타내는 光靠의 활용

	一个人的力量是不够的。 yíge rén de lìliang shì búgòu de.
光靠 Guāng kào	你一个人是不行的。 nǐ yíge rén shì bù xíng de.
	空想是不能成功的。 kōngxiǎng shì bù néng chénggōng de.
	运动减肥不容易。 yùndòng jiǎnféi shì bù róngyì.

第3课 | 雾霾越来越严重了。 Wùmái yuèláiyuè yánzhòng le. 스모그가 갈수록 심해져요.

06 | 语法 어법

1 ▸ 不见得

▸ '반드시 …라고는 할 수 없다, …라고는 생각되지 않다'라는 의미로 주관적인 계산이나 평가를 나타내며, 어기가 비교적 완곡합니다.

问题是戴了口罩, 也不见得就能起到防护作用啊。
Wèntí shì dài le kǒuzhào, yě bújiàndé jiù néng qǐdào fánghù zuòyòng a.
문제는 마스크를 해도 미세먼지를 차단하는 역할을 잘한다고 할 수도 없어요.

她虽说要来, 可我看不见得。
Tā suīshuō yào lái, kě wǒkàn bújiàndé.
그녀가 온다고는 했지만 내가 보기에 꼭 그렇지는 않아요.

这样做, 不见得会有好结果 。
Zhèyàng zuò, bújiàndé huì yǒu hǎo jiéguǒ.
이렇게 하면, 반드시 좋은 결과만 있으리라 장담할 수 없어요.

2 ▸ 至少

▸ 至少는 부사로 '최소한, 적어도'라는 의미로 사용됩니다.

不过, 至少戴口罩安心一些。
Búguò, zhìshǎo dài kǒuzhào ānxīn yìxiē.
하지만, 적어도 마스크를 하면 조금 안심이 돼요.

人为了健康每天至少要睡六个小时。
Rén wèile jiànkāng měitiān zhìshǎo yào shuì liùge xiǎo shí.
사람은 건강을 위해 하루에 최소한 6시간을 자야 해요.

看样子, 你至少也有四十岁。
Kàn yàngzi, nǐ zhìshǎo yě yǒu sìshí suì.
보아하니 당신은 최소한 40세예요.

3 尽量

▶ 尽量은 부사로 '가능한 한, 될 수 있는 대로'라는 의미로 사용됩니다. 같은 형식으로 尽快, 尽早 등이 있습니다.

为了减少白色垃圾，应该尽量不使用一次性用品。
Wèile jiǎnshǎo báisè lājī, yīnggāi jǐnliàng bù shǐyòng yícìxìng yòngpǐn.
플라스틱 쓰레기를 줄이기 위해 되도록 일회용품을 쓰지 않아야 해요.

饭尽量吃，酒少喝点儿。
Fàn jǐnliàng chī, jiǔ shǎo hē diǎnr.
밥은 양껏 먹고 술은 적게 마시세요.

你尽量多睡一会儿。
Nǐ jǐnliàng duō shuì yíhuìr.
당신은 가능한 한 좀 더 자세요.

4 不管…都

▶ 不管…都는 접속사로 '不管A都B' 형식으로 'A에 상관없이(막론하고) B하다'라는 의미로 사용합니다.

现在不管去哪儿，都改用环保袋了。
Xiànzài bùguǎn qù nǎr, dōu gǎiyòng huánbǎo dài le.
지금 어디를 가든 모두 에코백을 사용해요.

不管喜欢不喜欢，工作还是要做的。
Bùguǎn xǐhuān bù xǐhuān, gōngzuò háishì yào zuò de.
좋아하든 싫어하든, 일은 해야 해요.

不管你怎么反对，我还是要去做。
Bùguǎn nǐ zěnme fǎnduì, wǒ háishì yào qù zuò.
당신이 어떻게 반대하든 상관 없이, 나는 여전히 할 거예요.

07 | 练习 연습

1 녹음을 듣고 녹음의 대화와 일치하는 그림을 선택하여 체크 해주세요.

❶ ☐

❷ ☐

2 다음 <보기>를 보고 질문에 해당되는 대답을 골라 대화를 완성하세요.

< 보기 >

A. 减少白色垃圾。

B. 戴口罩也不见得能起到防护作用。

C. 减少户外活动，出门戴口罩。

D. 尽量多休息。

질문 ▶ 问：雾霾天应该怎么做?

정답 _____

3 다음 주어진 단어를 순서에 맞게 배열하세요.

❶ 我   见过   都没   他来   几乎

❷ 运动   尽量   做   户外   不要

❸ 应该   用品   少   用   一次性

❹ 环保   环保袋   可以   用

4 다음 밑줄 친 부분에 알맞은 내용을 채워 넣어 대화를 완성하세요.

| A. 不见得   B. 不管…都   C. 尽量 |

❶ A: 我感冒了，头特别疼。
　 B: _____多注意休息。

❷ A: 你看这个她会喜欢吗？
　 B: 你喜欢，_____她也会喜欢。

❸ A: 他每天都第一个到公司吗？
　 B: 是啊，_____是刮风还是下雨，他_____第一个到公司。

08 | 歇后语 헐후어

1

关公照镜子 —— 自觉脸红
Guāngōng zhào jìngzi - zì jué liǎn hóng

'관우가 거울을 본다'라는 뜻으로 본래부터 빨간 관우의 얼굴을 빗대어 스스로 얼굴이 벌게진 것을 자각할 때 사용합니다.

2

关公喝酒 —— 不怕脸红
Guāngōng hē jiǔ - bú pà liǎn hóng

'관우가 술 마신다'라는 뜻으로 본래부터 빨간 관우의 얼굴은 술을 마시더라도 빨갛게 얼굴이 변할 걱정이 없는 것을 빗대어 쑥스러움을 걱정하지 않을 때 사용합니다.

3

关公放曹操 —— 念旧情
Guāngōng fàng Cáo cāo - niàn jiùqíng

'관우가 조조를 풀어준다'라는 뜻으로 조조가 관우에게 은혜를 베풀었던 일에 대해 잊지 않고 관우가 은혜를 베푼 것을 빗대어 옛정을 생각해서 봐줄 상황에 사용합니다.

✓ 중국의 일대일로

일대일로란 중국 주도의 '신(新) 실크로드 전략 구상'으로, 내륙과 해상의 실크로드 경제벨트를 지칭합니다. 35년 간(2014~2049) 고대 동서양의 교통로인 현대판 실크로드를 다시 구축해, 중국과 주변국가의 경제·무역 합작 확대의 길을 연다는 대규모 프로젝트입니다. 2013년 시진핑 주석의 제안으로 시작되었으며, 2017년 현재 100여 개 국가 및 국제기구가 참여하고 있습니다. 내륙 3개, 해상 2개 등 총 5개의 노선으로 추진되고 있습니다.

일대일로 전략은 ① 정책 소통(政策沟通), ② 인프라 연결(设施联通), ③ 무역 확대(贸易畅通), ④ 자금 조달(资金融通), ⑤ 민심 상통(民心相通) 등 5대 이념을 바탕으로 추진되고 있습니다. 일대일로 사업이 본격화되고 있는 가운데, 장기적인 인프라 프로젝트는 경제적인 측면에서 효과가 클 것으로 예상됩니다. 현재 100여 개 국가 및 국제기구가 참여하고 있으며, 30여 연선국가와 일대일로 공동 건설 관련 협약을 맺었습니다.

2016~2030년, 중국을 중심으로 한 아태지역 인프라 개발 수요는 GDP 대비 5.1%에 달할 것으로 예상됩니다. 향후 일대일로 건설로 연선국가들과 더 긴밀하게 연결된다면, 협력과 공동발전을 통해 새로운 기회를 창출함으로써 보다 나은 성과를 공유할 수 있을 것입니다.

第 4 课

你的标准可真高啊。
Nǐ de biāozhǔn kě zhēn gāo a.
눈이 정말 높으시네요.

01 주요표현
- 이상형 및 직업 관련 표현

02 주요어법
- '一方面, 另一方面'
- '只是…而已'
- '既…又…'
- '并'

01 | 准备 준비하기 🎧

单词 단어

- **方面** fāngmiàn — 명 방면 / 분야
- **热情** rèqíng — 형 열정적이다
- **标准** biāozhǔn — 명 표준 / 기준
- **十全十美** shíquánshíměi — 성 완전무결하여 나무랄 데가 없다
- **只是** zhǐshì — 부 다만 / 오직
- **个子** gèzi — 명 (사람의) 체격 / 키
- **难得** nándé — 형 얻기 어렵다

- **另** lìng — 대 다른
- **能力** nénglì — 명 능력
- **高** gāo — 형 자르다 / 깎다
- **单身** dānshēn — 명 단신 / 홀몸 / 독신
- **而已** éryǐ — 조 …만 / …뿐
- **人家** rénjiā — 대 그 사람 / 그
- **人选** rénxuǎn — 명 인선 / 선출된 사람

팔선생 Tip

리얼 러브 버라이어티 《非诚勿扰》는 중국 자유화 이후 변화된 현대인들의 라이프스타일에 맞춰 제작된 대형 커플 매칭 프로그램입니다. 24명의 여성 패널들, 이들은 모두 연예인이 아닌 일반인입니다. 직장인도 있고 학생도 있으며, 나이, 민족 심지어 국적도 다양합니다. 남자 게스트는 1명이고, 총 3단계에 걸쳐서 여성들은 남자 게스트가 마음에 안들 경우 자신의 선택을 포기합니다. 중국판《두근두근 스위치》에서는 고정 관념을 깨고 현실 속 소개팅을 무대로 가져왔습니다.

56　第4课　｜　你的标准可真高啊。Nǐ de biāozhǔn kě zhēn gāo a.　눈이 정말 높으시네요.

02 | 会话 회화

이상형 관련 표현

金铉雅
Jīn xuànyǎ

你想找个什么样的女朋友？
Nǐ xiǎng zhǎo ge shénmeyàng de nǚpéngyou?
어떤 유형의 여자친구를 만나고 싶어요?

李明
Lǐ míng

**一方面要漂亮，另一方面还要性格开朗，热情。
要是再有能力就更好了。**
Yì fāngmiàn yào piàoliang, lìng yì fāngmiàn hái yào xìnggé kāilǎng, rèqíng. Yàoshì zài yǒu nénglì jiù gèng hǎo le.
한편으로는 예뻐야 하고, 또 한편으로는 성격이 밝고 열정이 있어야 해요.
만약 능력도 있으면 더 좋고요.

金铉雅
Jīn xuànyǎ

**你的标准可真高啊。哪儿有这么十全十美的人呢？
怪不得还单身呢。**
Nǐ de biāozhǔn kě zhēn gāo a. Nǎr yǒu zhème shíquánshíměi de rén ne? Guàibude hái dānshēn ne.
눈이 정말 높으시네요. 그렇게 완벽한 사람이 어디에 있어요?
그래서 여태껏 혼자잖아요.

李明
Lǐ míng

**我只是说说而已，适合自己的才是最好的。
你呢？你喜欢什么样的男孩？**
Wǒ zhǐshì shuōshuo éryǐ, shìhé zìjǐ de cáishì zuìhǎo de.
Nǐ ne? Nǐ xǐhuān shénmeyàng de nánhái?
그냥 하는 소리에요, 자신에게 잘 맞는 사람이 좋은 거죠.
당신은요? 어떤 유형의 남자가 좋아요?

金铉雅
Jīn xuànyǎ

我比较喜欢有意思的人，两个人在一起性格合适是最重要的。
Wǒ bǐjiào xǐhuān yǒuyìsī de rén,
liǎngge rén zài yìqǐ xìnggé héshì shì zuì zhòngyào de.
나는 재미있는 사람이 좋아요, 둘이 같이 있으면 성격이 맞는 게 가장 중요하죠.

李明
Lǐ míng

你看咱们公司新来的小王怎么样?
我看他个子又高, 性格又好。
Nǐkàn zánmen gōngsī xīnlái de xiǎowáng zěnmeyàng?
Wǒkàn tā gèzi yòu gāo, xìnggé yòu hǎo.
우리 회사에 새로 입사한 샤오왕이 어때요? 그는 키도 크고 성격도 좋아요.

金铉雅
Jīn xuànyǎ

你别开玩笑了。人家小王有女朋友。
Nǐ bié kāiwán xiào le. Rénjiā xiǎowáng yǒu nǚpéngyou.
농담하지 마세요. 샤오왕은 여자친구 있어요.

李明
Lǐ míng

太可惜了, 他可是难得的人选呢。
Tài kěxī le, tā kěshì nándé de rénxuǎn ne.
너무 아쉬워요, 보기 힘든 인물인데.

★ 人家[rénjiā]는 본문에서 대명사로 '그 사람, 그'라는 뜻으로 어떠한 사람 또는 사람들을 지칭하는 것으로, '他'와 의미가 비슷합니다. 대체로 人家 뒤에 인명을 붙입니다.
예) **人家李明** [rénjiā Lǐ míng] 리밍

说一说
이상형에 대해 이야기 해보세요.

03 | 准备 준비하기

单词 단어

- **招聘** zhāopìn — (동) 모집하다
- **毕业** bìyè — (동) 졸업하다
- **面试** miànshì — (명) 면접시험 / (동) 면접시험하다
- **人生** rénshēng — (명) 인생
- **时刻** shíkè — (명) 시각
- **理想** lǐxiǎng — (형) 이상적이다
- **工资** gōngzī — (명) 임금
- **前途** qiántú — (명) 전도 / 앞길 / 전망
- **刚刚** gānggāng — (부) 방금 / 금방 / 막
- **大学生** dàxuéshēng — (명) 대학생
- **应届生** yīngjièshēng — (명) 당해 연도의 졸업생
- **关键** guānjiàn — (명) 관건
- **职业** zhíyè — (명) 직업
- **既** jì — (부) 이미 / 벌써
- **发展** fāzhǎn — (명) 발전 / (동) 발전하다
- **高薪** gāoxīn — (명) 높은 봉급

팔선생 Tip

중국에서는 2008년부터 국가적으로 대학생 촌관제도를 만들어, 대학생 촌관을 뽑고 중국의 모든 농촌에 한명씩 보내어 농촌의 문제를 해결하도록 지정하였습니다. 대학생 촌관을 고용하는 것은 당중앙이 '3농(농촌, 농민, 농법)' 업무의 강화와 농촌에서의 당 집정기초를 공고히 하기 위해 착안해낸 전략적인 정책입니다. 여기서 중요한 포인트는 고학력 청년을 이용하여 농촌을 개발한다는 점과 도시의 대학생과 농촌의 농민을 직접적으로 연결시켜준다는 점입니다.

04 | 会话 회화

직업 관련 표현

李明
Lǐ míng

咱们公司又开始招聘了。
Zánmen gōngsī yòu kāishǐ zhāopìn le.
우리 회사 또 직원 모집 시작했어요.

金铉雅
Jīn xuànyǎ

看到刚刚毕业的大学生们来面试，就想起我来参加面试时的心情了。
Kàndào gānggāng bìyè de dàxuéshēngmen lái miànshì, jiù xiǎngqǐ wǒ lái cānjiā miànshì shí de xīnqíng le.
막 졸업하는 대학생들이 면접보러 오는 것을 보니 제가 면접볼 때 심정이 떠올라요.

李明
Lǐ míng

去年的这个时候，我还记得你来面试的样子呢。
Qùnián de zhège shíhou, wǒ hái jìde nǐ lái miànshì de yàngzi ne.
작년 이맘때 현아씨 면접 봤던 모습이 아직도 기억나요.

金铉雅
Jīn xuànyǎ

这可是他们人生中非常关键的时刻呢。
Zhè kěshì tāmen rénshēng zhōng fēicháng guānjiàn de shíkè ne.
지금은 그들의 인생에서 가장 중요한 시기예요.

李明
Lǐ míng

你觉得什么样的职业是理想职业？
Nǐ juéde shénmeyàng de zhíyè shì lǐxiǎng zhíyè?
현아씨 생각에는 어떤 직업이 이상적인 직업이에요?

金铉雅
Jīn xuànyǎ

以前我觉得得找既要工资高，又要有发展前途的。可现在看来，高薪的工作并不是最重要的。
Yǐqián wǒ juéde děi zhǎo jìyào gōngzī gāo, yòuyào yǒu fāzhǎn qiántú de. Kě xiànzài kànlái, gāoxīn de gōngzuò bìng búshì zuì zhòngyào de.
저는 예전에 월급도 많고 자기발전이 있는 직업을 찾아야 한다고 생각했어요.
그런데 지금 보면 높은 월급이 결코 제일 중요한 것은 아니에요.

第4课 | 你的标准可真高啊。 Nǐ de biāozhǔn kě zhēn gāo a. 눈이 정말 높으시네요.

金铉雅
Jīn xuànyǎ

找一个自己喜欢的工作才最重要。
Zhǎo yíge zìjǐ xǐhuān de gōngzuò cái zuì zhòngyào.
본인이 좋아하는 일이 가장 중요하더라고요.

李明
Lǐ míng

听说兴趣变成工作时, 兴趣就不再是兴趣了。
Tīngshuō xìngqù biànchéng gōngzuò shí,
xìngqù jiù bú zài shì xìngqù le.
듣자하니 취미생활이 일이 되면, 취미는 더 이상 취미가 아니래요.

金铉雅
Jīn xuànyǎ

是啊, 我认为适合自己的最重要。
Shì a, wǒ rènwéi shìhé zìjǐ de zuì zhòngyào.
그래요, 자기에게 어울리는 일이 가장 중요해요.

★ 刚刚[gānggāng]과 刚才[gāngcái]는 모두 '지금 막, 방금'이라는 의미를 가지고 있습니다.

- 刚刚+형용사 / 동사의 형식으로 사용하며 술어 앞에 사용합니다.
  예) 考试刚刚结束。 [Kǎoshì gānggāng jiéshù.]
      시험이 방금 끝났어요.

- 刚才+명사의 형식으로 사용하며 문장 앞 또는 술어 앞에 사용합니다.
  예) 刚才他来了。 [Gāngcái tā lái le.]
      지금 막 그가 왔어요.

说一说   구직의 조건 또는 이상적인 직업에 대해 이야기 해보세요.

05 | 关键表达 패턴

1 기존을 나타내는 标准의 활용

你的**标准** Nǐ de biāozhǔn	可真高啊。 kě zhēn gāo a.
你找工作的**标准** Nǐ zhǎo gōngzuò de biāozhǔn	是什么? shì shénme?
这个产品**标准** Zhège chǎnpǐn biāozhǔn	不行。 bù xíng.
公司的**标准** Gōngsī de biāozhǔn	很高。 hěn gāo.

2 어렵다를 나타내는 难得의 활용

他可是**难得** Tā kěshì nándé	的人选呢。 de rénxuǎn ne.
他是**难得** Tā shì nándé	的人才。 de réncái.
你**难得** Nǐ nándé	来我家。 lái wǒ jiā.
这是**难得** Zhè shì nándé	的机会。 de jīhuì.

3 결코 아니다를 나타내는 并不是의 활용

高薪的工作 Gāoxīn de gōngzuò		最重要的。 zuì zhòngyào de.
这 Zhè	**并不是** bìng búshì	我想要的。 wǒ xiǎng yào de.
我 Wǒ		对你有意见。 duì nǐ yǒu yìjiàn.
钱 Qián		万能的。 wànnéng de.

4 여기다를 나타내는 认为의 활용

我认为 Wǒ rènwéi	适合自己的最重要。 shìhé zìjǐ de zuì zhòngyào. 他不会因为这个生气。 tā búhuì yīnwèi zhège shēngqì. 他很有能力。 tā hěn yǒu nénglì. 走这条路更好。 zǒu zhè tiáo lù gèng hǎo.

06 | 语法 어법

1 一方面, 另一方面

▶ 一方面, 另一方面는 '한 편으로는… 또 한편으로는…'라는 의미로 여러가지 상황을 설명하거나 묘사할 때 사용합니다.

一方面要漂亮, 另一方面还要性格开朗, 热情。
Yì fāngmiàn yào piàoliang, lìng yì fāngmiàn hái yào xìnggé kāilǎng, rèqíng.
한편으로는 예뻐야 하고, 또 한편으로는 성격이 밝고 열정이 있어야 해요.

今天开会一方面想听听大家的意见, 另一方面想通知大家公司的决定。
Jīntiān kāihuì yì fāngmiàn xiǎng tīngting dàjiā de yìjiàn,
lìng yì fāngmiàn xiǎng tōngzhī dàjiā gōngsī de juédìng.
오늘 회의는 한편으로는 여러분들의 의견을 듣고 싶고, 또 한편으로는 회사 결정을 전달하려고 해요.

一方面是想学习汉语, 另一方面想了解一下中国市场。
Yì fāngmiàn shì xiǎng xuéxí hànyǔ, lìng yì fāngmiàn xiǎng liǎojiě
yíxià zhōngguó shìchǎng.
한편으로는 중국어 공부를 하고 싶고, 또 한편으로는 중국 시장을 알고 싶어요.

2 只是…而已

▶ 只是…而已는 '단지 ~일 뿐이다'라는 의미로 사용합니다. 대체로 只是는 어두에 붙고 而已는 마지막에 위치합니다.

我只是说说而已, 适合自己的才是最好的。
Wǒ zhǐshì shuōshuo éryǐ, shìhé zìjǐ de cáishì zuìhǎo de.
그냥 하는 소리예요, 자신에게 잘 맞는 사람이 좋은거죠.

这只是传闻而已, 不知道是不是真的。
Zhè zhǐshì chuánwén éryǐ, bù zhīdào shìbushì zhēnde.
단지 소문이에요, 진실여부는 몰라요.

他这个人只是说说而已, 不会真辞职的。
Tā zhège rén zhǐshìshuōshuo éryǐ, búhuì zhēn cízhí de.
그는 그냥 하는 소리예요, 정말 사직하지 않을 거예요.

3 既…又…

▶ 既…又… 는 '…하고 (또)…하다'라는 의미로 又…又… 와 같습니다. 즉 동시에 하는 동작과 상황 그리고 성질을 설명할 때 사용합니다.

以前我觉得得找既要工资高，又要有发展前途的。
Yǐqián wǒ juéde děi zhǎo jìyào gōngzī gāo, yòuyào yǒu fāzhǎn qiántú de.
나는 예전에 월급도 많고 발전이 있는 직업을 찾아야 한다고 생각했어요.

既能美化环境，又能让大家爱护环境。
Jì néng měihuà huánjìng, yòu néng ràng dàjiā àihù huánjìng.
환경 미화뿐만 아니라 또한 환경을 사랑할 수 있어요.

他既是我的老师又是我的好朋友。
Tā jìshì wǒ de lǎoshī yòushì wǒ de hǎo péngyou.
그는 나의 스승이자 좋은 친구예요.

4 并

▶ 并은 부정문에 쓰여 '결코 …하지 않다'라는 의미로 사용합니다.

可现在看来，高薪的工作并不是最重要的。
Kě xiànzài kànlái, gāoxīn de gōngzuò bìng búshì zuì zhòngyào de.
그러나 지금은 높은 월급이 결코 제일 중요한 것은 아니에요.

我并不是那个意思，你别误会。
Wǒ bìng búshì nàge yìsi, nǐ bié wùhuì.
나는 결코 그런 뜻이 아니에요, 오해하지 마세요.

我并没有那么想，一直以来我都很喜欢。
Wǒ bìng méiyǒu nàme xiǎng, yìzhí yǐlái wǒ dōu hěn xǐhuān.
나는 결코 그렇게 생각하지 않아요, 나는 계속 좋아했어요.

07 | 练习 연습

1 녹음을 듣고 녹음의 대화와 일치하는 그림을 선택하여 체크 해주세요.

 ❶ ☐

 ❷ ☐

2 다음 <보기>를 보고 질문에 해당되는 대답을 골라 대화를 완성하세요.

< 보기 >

A. 高薪的工作并不是最重要的。

B. 当爱好变成工作，那么爱好也不再是爱好了。

C. 适合自己的工作才最重要。

D. 你觉得这份工作怎么样？

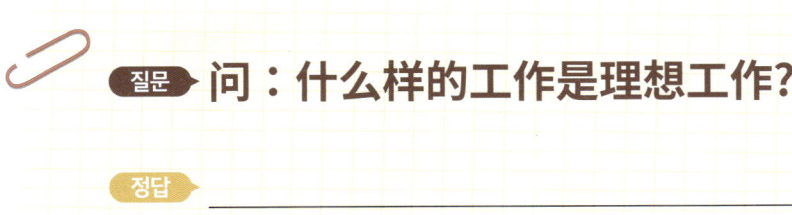

질문 ▶ 问：什么样的工作是理想工作？

정답 _____

3 다음 주어진 단어를 순서에 맞게 배열하세요.

❶ 合适   是   性格   的   最重要

_____

❷ 难得   有   运动   出来   时间

_____

❸ 招聘   又   公司   开始   了

_____

❹ 很紧张   面试   我   的时候

_____

4 다음 밑줄 친 부분에 알맞은 내용을 채워 넣어 대화를 완성하세요.

| A. 一方面…另一方面   B. 只是…而已   C. 既…又 |

❶ A: 你真的不打算在这家公司工作啦?
　 B: 我 _____ 说说 _____ 。

❷ A: 你为什么要去中国工作?
　 B: _____ 我想了解中国市场,_____ 我想学习汉语。

❸ A: 你为什么带杯子去买咖啡?
　 B: _____ 环保,_____ 有优惠。

08 | 歇后语 헐후어

1

三个臭皮匠 ── 顶个诸葛亮
sānge chòu píjiàng - dǐng gè Zhū gěliàng

'신기료장수 셋이면 제갈량보다 낫다'라는 의미로 보잘 것 없어도 세 사람이 모이면 제갈량의 지혜가 나온다는 의미로 여러 명이 힘을 합쳐 지혜를 모아낼 수 있을 때 사용합니다.

2

周瑜打黄盖 ── 愿打愿挨
Zhōu yú dǎ Huáng gài - yuàn dǎ yuàn āi

'주유가 황개를 때리다'라는 뜻으로 알고 때리고 알고 맞다는 의미로 서로 납득하는 상황을 일 컷을 때 사용합니다.

3

老鼠给猫当伴娘 ── 挣钱不要命
lǎoshǔ gěi māo dāng bànniáng - zhèngqián búyào mìng

'쥐가 고양이한테 신부 들러리를 하다'라는 고양이 천적인 쥐는 위험을 무릅쓰고 신부 들러리를 한다는 의미로 돈에 눈이 멀거나 돈을 위해 목숨도 버리는 상황을 일컫을 때 사용합니다.

✅ 중국의 농민공

농민공(农民工)이란 농민의 신분이지만 실제로는 도시에 와서 노동자의 역할을 하는 사람을 말합니다. 중국은 1949년 신중국 건설 후 50년대 말에 발생한 3년간의 경제침체로 인한 식량부족 사태에 대응하기 위해 도시와 농촌의 호적을 달리하는 이원적 정책을 펼쳐왔습니다.

1958년 공포된 '호구(户口) 등기조례'는 모든 중국인을 출생지에서 발급하는 호구에 따라 농민과 도시민으로 구분해 이들의 자유로운 이동을 금지했습니다. 그러나 1978년 덩샤오핑(邓小平)이 개혁·개방 정책을 발표한 이후 농민들이 농촌을 떠나 도시로 쏟아져 들어오기 시작했습니다. 이러한 움직임은 1980년대 황허(黄河)의 탁류에 비유돼 '맹류(盲流)'로 불렸고, 90년대부터는 '농민공'으로 일컬어졌습니다.

농민공의 도시 유입은 1992년 도시에서 식량 배급표(粮票)를 없애버리는 조치를 단행한 이후 본격적으로 심화되었습니다. 농민도 도시로 가서 일할 수 있게 되었고 일을 통해 번 돈으로 식품과 생활필수품을 살 수 있게 된, 이러한 조치 덕분에 도시로 유입된 농민공의 숫자가 크게 증가한 것입니다. 그러나 농민공의 평균 임금은 농민이라는 호적상의 제약 때문에 도시 노동자의 3분의 1 내지 절반 수준에 불과했습니다. 중국 상품이 세계시장에서 가격 경쟁력을 지킬 수 있는 이면에는 이런 농민공의 희생이 있었던 것입니다. 2006년 국가통계국에 따르면 2억 명에 달하는 농민공은 2020년까지 현재 서유럽 인구 규모인 4억 여 명에 달할 것으로 예상됩니다.

第 5 课

解酒汤是什么汤?
Jiějiǔtāng shì shénme tāng?

해장국이 뭐예요?

| 01 주요표현 | · 음주와 관련된 표현 |

| 02 주요어법 | · '显得'
· '有助于'
· '根据'
· '因此' |

01 | 准备 준비하기

单词 단어

□ **后半夜** hòu bànyè	몡 (자정 이후부터 날이 밝기 전까지의) 밤중	
□ **解酒汤** jiějiǔ tāng	몡 해장국	
□ **豆芽** dòuyá	몡 [식물] 콩나물	
□ **干** gān	동 마르다	
□ **有助于** yǒuzhùyú	…에 도움이 되다	
□ **碗** wǎn	양 (그릇·공기·사발이나 등불을) 세는 단위	
□ **难受** nánshòu	형 (육체적·정신적으로) 괴롭다 / 참을 수 없다	
□ **缓解** huǎnjiě	동 (급박하거나 긴박한 정도가) 완화되다 / 풀어지다	
□ **显得** xiǎnde	동 (어떠한 상황이) 드러나다 / …하게 보이다	
□ **清淡** qīngdàn	형 (맛·색깔 따위가) 담백하다	
□ **汤** tāng	몡 뜨거운 물 / 끓는 물	
□ **明太鱼** míngtàiyú	몡 [동물] 명태	
□ **解酒** jiějiǔ	동 숙취를 풀다	
□ **浑身** húnshēn	몡 온몸	
□ **蜂蜜** fēngmì	몡 [동물] 벌꿀	
□ **戒酒** jièjiǔ	동 술을 끊다	

팔선생 Tip

중국에서 비즈니스할 때 가장 연장자이자 오너는 술을 많이 먹지 않습니다. 2~3인자가 오히려 주로 술을 먹으면서 접대를 합니다. 심지어 술을 잘 마시는 영업부 남자직원을 따로 동행하여 술을 커버치게 하는 경우도 종종 있습니다. 특히 오너들은 초대에 응해주셔서 감사하다는 등 개시사를 할 때 처음부터 건강상의 이유로 술을 많이 하지 못하니 죄송하다는 말하는 경우도 많습니다. 그래서 중국에서 오너에게 술을 권할 때 그분들은 대부분 건배는 하나 다 마시지는 않습니다.

02 | 会话 회화

숙취 후 해장 관련 표현

金铉雅
Jīn xuànyǎ

你昨晚又喝酒了吧?
Nǐ zuówǎn yòu hējiǔ le ba?
어제 또 술을 마셨죠?

李明
Lǐ míng

这都被你发现啦。
昨天晚上陪客户喝酒，一直到后半夜才回家。
Zhè dōu bèi nǐ fāxiàn la. Zuótiān wǎnshang péi kèhù hējiǔ, yìzhí dào hòu bànyè cái huíjiā.
현아씨한테 들켜버렸네요. 어제 저녁에 거래처분과 같이 술마셨어요,
밤 늦게 되어서야 집에 들어갔어요.

金铉雅
Jīn xuànyǎ

今天你的脸色特别不好，显得特别累。你喝解酒汤了吗?
Jīntiān nǐ de liǎnsè tèbié bùhǎo, xiǎnde tèbié lèi.
Nǐ hē jiějiǔ tāng le ma?
오늘 안색이 아주 안 좋아요, 많이 피곤해 보여요. 해장국은 먹었어요?

李明
Lǐ míng

解酒汤是什么汤? 我还从来没听过什么解酒汤。
Jiějiǔ tāng shì shénme tāng?
Wǒ hái cónglái méi tīngguo shénme jiějiǔ tāng.
해장국이 무슨 국이에요? 저는 여태까지 해장국이 어떤 국인지 들어본 적이 없어요.

金铉雅
Jīn xuànyǎ

清淡的豆芽汤或者干明太鱼汤什么的都有助于解酒。
Qīngdàn de dòuyá tāng huòzhě gān míngtàiyú tāng shénme de dōu yǒuzhùyú jiějiǔ.
담백한 콩나물국이나 혹은 북엇국 등등 다 해장에 도움이 돼요.

李明
Lǐ míng

要是我现在也能来一碗就好了。我现在浑身都难受。
Yàoshì wǒ xiànzài yě néng lái yìwǎn jiù hǎo le.
Wǒ xiànzài húnshēn dōu nánshòu.
나도 한 그릇 마셨으면 좋겠어요. 나 지금 온몸이 불편해요.

金铉雅
Jīn xuànyǎ

我去给你弄一杯蜂蜜水，好缓解一下。
Wǒ qù gěi nǐ nòng yìbēi fēngmì shuǐ, hǎo huǎnjiě yíxià.
꿀물을 한 잔 갖다드릴게요, 좀 도움이 돼요.

李明
Lǐ míng

麻烦你了，我以后真得戒酒了。
Máfan nǐ le, wǒ yǐhòu zhēn děi jièjiǔ le.
귀찮게 했네요, 나중에 정말 술을 끊어야겠네요.

★ 什么的[shénme de]는 의문사로 사용된 것이 아니라 본문에서는 '…등등'이라는 의미로 하나의 성분이나 몇 개의 병렬 성분 뒤에 쓰입니다.

예) 他就爱写写画画什么的。
　　[Tā jiù ài xiěxie huàhua shénme de.]
　　그는 쓰고 그리는 것 등등을 좋아해요.

说一说　　해장하는 음식에 대해 이야기 해보세요.

72　第5课　｜　解酒汤是什么汤？ Jiějiǔtāng shì shénme tāng?　　해장국이 뭐예요?

03 | 准备 준비하기

单词 단어

燕京啤酒 yānjīng píjiǔ	몡 옌징맥주
哈尔滨 Hā'ěrbīn	몡 [지리] 하얼빈
取 qǔ	동 가지다 / 찾다 / 찾아 가지다 / 받다
北平 Běipíng	몡 '北京'의 옛날 이름
史书 shǐshū	몡 역사서
战国 Zhànguó	몡 역사 전국 시대 (B.C.475~221)
燕国 Yānguó	몡 연나라
称 chēng	동 부르다 / 일컫다
因此 yīncǐ	접 그래서 / 그러므로
关于 guānyú	개 …에 관해서
青岛 Qīngdǎo	몡 [지리] 칭다오
地名 dìmíng	몡 지명
以 yǐ	개 …(으)로(써) / …을 가지고
根据 gēnjù	동 근거하다 / 의거하다 / 따르다
记载 jìzǎi	동 기재하다 / 기록하다
时期 shíqī	몡 시기
都城 dūchéng	몡 [문어] 수도 도읍지
燕子 yànzi	몡 [동물] 제비
道理 dàolǐ	몡 도리 / 일리 / 이치

팔선생 Tip

매년 7월 말부터 8월 초 칭다오에서 맥주 축제가 열립니다. 칭다오시에서 지역 관광을 활성화하기 위해 1991년 8월 칭다오 국제 맥주 축제를 열기 시작했습니다. 축제는 점점 유명해져 맥주의 원조인 독일 뮌헨의 옥토버페스트에 맞먹는 명성을 누리며, 아시아 최대의 맥주 축제이자 세계 4대 맥주 축제로 인정받고 있습니다. 축제가 진행되는 동안 칭다오시에서는 음주대회를 비롯해 다양한 음식과 공연이 펼쳐집니다.

04 | 会话 회화

지역 맥주 관련

金铉雅
Jīn xuànyǎ

为什么咱们北京的燕京啤酒不叫北京啤酒呢?
你看青岛啤酒, 哈尔滨啤酒都是地名取的名字。
Wèishénme zánmen Běijīng de yānjīng píjiǔ bú jiào běijīng píjiǔ ne?
Nǐ kàn qīngdǎo píjiǔ, hā'ěrbīn píjiǔ dōu shì dìmíng qǔ de míngzi.
왜 우리 베이징의 연경 맥주는 베이징 맥주라고 하지 않아요?
칭다오 맥주, 하얼빈 맥주 다 지역 이름으로 지었잖아요.

李明
Lǐ míng

哈哈, 这你就不懂了吧? 北京以前叫燕京,
所以咱们的燕京啤酒, 其实就是以地名取的。
Hā hā, zhè nǐ jiù bù dǒng le ba? Běijīng yǐqián jiào yānjīng,
suǒyǐ zánmen de yānjīng píjiǔ, qíshí jiùshì yǐ dìmíng qǔ de.
하하, 몰랐죠? 옛날에 베이징은 연경이라고 불렀어요,
그래서 우리 연경 맥주도 사실 지역으로 정한 이름이에요.

金铉雅
Jīn xuànyǎ

我知道北京以前叫北平, 没想到还叫过燕京啊?
Wǒ zhīdào Běijīng yǐqián jiào Běipíng, méi xiǎngdào hái jiàoguo Yānjīng a?
베이징이 전에 베이핑이라고 알고 있었는데 연경이라고는 생각도 못 했어요.

李明
Lǐ míng

北京有三千多年的历史。根据史书记载, 在战国时期,
北京是燕国的都城, 叫燕都。后来人们称它为燕京。
Běijīng yǒu sānqiān duō nián de lìshǐ. Gēnjù shǐshū jìzǎi, zài zhànguó shíqī, Běijīng shì Yānguó de dūchéng, jiào Yāndū. Hòulái rénmen chēng tā wéi Yānjīng.
베이징은 3천년 넘은 역사를 가지고 있어요. 사서를 따르면 전국 시대 베이징은 연나라의 수도였고, 연도라고 불렀어요. 사람들은 연경이라고 불렀어요.

金铉雅
Jīn xuànyǎ

原来是这样, 我还以为北京的燕子多, 因此叫燕京呢。
Yuánlái shì zhèyàng, wǒ hái yǐwéi Běijīng de yànzi duō, yīncǐ jiào yānjīng ne.
그렇군요, 나는 베이징에 제비가 많아 그래서 연경이라고 하는 줄 알았어요.

李明
Lǐ míng

说的有道理。关于名字，我还真没想过。
Shuō de yǒu dàolǐ. Guānyú míngzi, wǒ hái zhēn méi xiǎngguo.
말이 일리가 있네요. 이름에 대해서 나는 생각해 본 적이 없어요.

金铉雅
Jīn xuànyǎ

最近在我们韩国，也有很多人喜欢喝中国啤酒。
Zuìjìn zài wǒmen Hánguó, yě yǒu hěn duō rén xǐhuān hē zhōngguó píjiǔ.
요즘 한국에서도 많은 사람들이 중국 맥주를 좋아해요.

李明
Lǐ míng

是吗？没想到除了白酒，啤酒也走出国门了。
Shìma? Méi xiǎngdào chú le báijiǔ, píjiǔ yě zǒu chū guómén le.
그래요? 백주 외에 맥주도 외국으로 진출하였네요.

- 关于[guānyú]는 개사로 '~에 관하여'라는 의미로 범위나 내용을 나타낼 때 사용합니다. 대체로 주어 앞에 위치합니다.
- 对于[duìyú] 개사로 '~에 대해서'라는 의미로 뒤에 대상이 나타납니다. 对于는 주어 앞, 뒤에 다 올 수 있습니다.

说一说 서로 한국 또는 중국의 술문화에 대해 이야기 해보세요.

05 | 关键表达 패턴

1 ~인처럼 보이다를 나타내는 显得의 활용

脸色特别不好， Liǎnsè tèbié bùhǎo,	显得特别累。 xiǎnde tèbié lèi.
你妈妈， Nǐ māma,	显得年轻。 xiǎnde niánqīng.
经理， Jīnglǐ,	显得不太高兴。 xiǎnde bútài gāoxìng.
穿这件衣服， Chuān zhèjiàn yīfu,	显得很精神。 xiǎnde hěn jīngshen.

2 ~관하여를 나타내는 关于의 활용

关于 Guānyú	名字，我还真没想过。 míngzi, wǒ hái zhēn méi xiǎngguò. 那个问题，他只说了几句。 Nàge wèntí, tā zhǐ shuō le jǐ jù. 这一点，我和她意见不同。 Zhè yìdiǎn, wǒ hé tā yìjiàn bútóng. 人选问题，我们下次再商量。 Rénxuǎn wèntí, wǒmen xiàcì zài shāngliang.

3 도움이 되다를 나타내는 有助于의 활용

清淡的豆芽汤或者干明太鱼汤什么的都 Qīngdàn de dòuyá tāng huòzhě gān míngtàiyú tāng shénme de dōu	有助于解酒。 yǒuzhùyú jiějiǔ.
喝牛奶 Hē niúnǎi	有助于睡眠。 yǒuzhùyú shuìmián.
运动 Yùndòng	有助于健康。 yǒuzhùyú jiànkāng.
爬山 Páshān	有助于减肥。 yǒuzhùyú jiǎnféi.

4 그래서를 나타내는 因此의 활용

我还以为北京的燕子多， Wǒ hái yǐwéi Běijīng de yànzi duō,	因此叫燕京呢。 yīncǐ jiào yànjīng ne.
最近几天一直下雨， Zuìjìn jǐtiān yìzhí xiàyǔ,	因此很潮湿。 yīncǐ hěn cháoshī.
他在中国工作三年， Tā zài Zhōngguó gōngzuò sānnián,	因此汉语很流利。 yīncǐ hànyǔ hěn liúlì.
你做得很好， Nǐ zuò de hěn hǎo,	因此大家很满意。 yīncǐ dàjiā hěn mǎnyì.

06 | 语法 어법

1 显得

▶ 显得는 '~해 보인다'라는 의미로 술어 앞에 쓰여서 어떤 상황이 드러남을 나타냅니다.

今天你的脸色特别不好，显得特别累。
Jīntiān nǐ de liǎnsè tèbié bùhǎo, xiǎnde tèbié lèi.
오늘 안색이 아주 안 좋아요, 많이 피곤해 보여요.

首次登台，他显得非常兴奋。
Shǒucì dēngtái, tā xiǎnde fēicháng xīngfèn.
처음 무대에 올라서 그는 매우 흥분한 것 같아요.

经理还不到六十，却显得有些老。
Jīnglǐ hái búdào liùshí què xiǎnde yǒuxiē lǎo.
선생님께서는 아직 육십이 안되셨는데, 좀 늙어 보입니다.

2 有助于

▶ 有助于는 '…에 도움이 되다'라는 의미로 사용됩니다.

清淡的豆芽汤或者干明太鱼汤什么的都有助于解酒。
Qīngdàn de dòuyá tāng huòzhě gān míngtàiyú tāng shénme de dōu yǒuzhùyú jiějiǔ.
담백한 콩나물국이나 혹은 부엇국 등등 다 해장에 도움이 돼요.

合理的饮食有助于孩子的健康成长。
Hélǐ de yǐnshí yǒuzhùyú háizi de jiànkāng chéngzhǎng.
합리적인 음식은 아이의 건강한 성장에 도움이 됩니다.

这种应急措施，有助于问题的解决。
Zhèzhǒng yìngjí cuòshī, yǒuzhùyú wèntí de jiějué.
이런 응급조치는 문제의 해결에 도움이 됩니다.

3 根据

▶ 根据는 '~에 근거하여'라는 의미로 어떤 결론에 대한 구체적인 전제조건을 나타낼 때 사용합니다.

> **根据史书记载，在战国时期，北京是燕国的都城，叫燕都。**
> Gēnjù shǐshū jìzǎi, zài zhànguó shíqī, Běijīng shì yānguó de dūchéng, jiào yāndū.
> 사서를 따르면 전국 시대 베이징은 연나라의 수도였고, 연도라고 불렀어요. 사람들은 연경이라고 불렀어요.
>
> **根据以上分析，可以得出这样的结论。**
> Gēnjù yǐshàng fēnxī, kěyǐ déchū zhèyàng de jiélùn.
> 이상의 분석에 의거하여 이러한 결론을 얻어낼 수 있을 것 같아요.
>
> **根据不足不要下结论。**
> Gēnjù bùzú búyào xià jiélùn.
> 근거가 부족하면 결론을 내리지 말아야 한다.

4 因此

▶ 因此는 접속사로 '그래서, 그러므로'라는 의미로 결과를 나타낼 때 사용합니다. 所以와 의미가 같습니다.

> **我还以为北京的燕子多，因此叫燕京呢。**
> Wǒ hái yǐwéi Běijīng de yànzi duō, yīncǐ jiào yànjīng ne.
> 나는 베이징에 제비가 많아 그래서 연경이라고 하는 줄 알았어요.
>
> **他最近太忙，因此不能亲自来看你。**
> Tā zuìjìn tài máng, yīncǐ bùnéng qīnzì lái kàn nǐ.
> 그는 최근에 너무 바빠서, 직접 보러 올 수 없어요.
>
> **我和他认识多年，因此很了解他的性格。**
> Wǒ hé tā rènshi duōnián yīncǐ hěn liǎojiě tā de xìnggé.
> 나는 그와 알고 지낸 지 여러 해가 되므로, 그의 성격을 매우 잘 안다.

07 | 练习 연습

1 녹음을 듣고 녹음의 대화와 일치하는 그림을 선택하여 체크 해주세요.

❶ ☐

❷ ☐

2 다음 <보기>를 보고 질문에 해당되는 대답을 골라 대화를 완성하세요.

< 보기 >

A. 解酒汤是清淡的豆芽汤。

B. 以后得戒酒了。

C. 晚上得陪客户去喝酒。

D. 喝解酒汤或者蜂蜜水都能缓解。

질문 ▶ 问：解酒的方法有哪些？

정답 _____

3 다음 주어진 단어를 순서에 맞게 배열하세요.

❶ 客戶陪　昨天　晚上　喝酒　了

❷ 显得　今天　累　你　特别

❸ 我　北京　叫　以前　北平　知道

❹ 喜欢　韩国人　中国啤酒　也　喝

4 다음 밑줄 친 부분에 알맞은 내용을 채워 넣어 대화를 완성하세요.

A. 显得　　　B. 有助于　　　C. 因此

❶ A: 你有什么事吗? _____特别累。
　 B: 昨天晚上一直加班到11点才回家。

❷ A: 小王怎么知道这么多?
　 B: 小王在中国住了十年, _____他知道的很多。

❸ A: 我正在减肥。
　 B: 听说早睡_____减肥。

08 | 歇后语 헐후어

1

骑驴看唱本 —— 走着瞧
qí lǘ kàn chàng běn - zǒuzhe qiáo

'당나귀를 타고서 노래책을 보다'라는 의미로, 당나귀를 타고 노래책을 본다는 것은 긴 시간이 필요하므로 오랜 시간을 두고 생각해 볼 상황일 때 사용합니다.

2

哑巴吃饺子 —— 心中有数
yǎbā chī jiǎozi - xīn zhōng yǒu shù

'벙어리가 교자 먹는다'라는 의미로 비록 말을 할 수 없지만 마음 속에는.자신이 교자를 몇 개 먹었는지 분명히 알고 있습니다. 이 상황을 비유하여 '속셈이 있다'라는 표현할 때 사용합니다.

3

王奶奶和玉奶奶 —— 差一点
wáng nǎinai hé yù nǎinai - chà yìdiǎn

'왕 할머니랑 옥 할머니'라는 의미로 왕 할머니의 "王"자와 옥 할머니 "玉"자를 보면 점 하나 차이입니다. 그래서 "差一点" 즉 "조금 부족하다"라는 표현할 때 사용합니다.

✅ 중국 맥주 - 雪花啤酒[xuěhuā píjiǔ]

雪花啤酒는 10년째 단일 브랜드로 세계 맥주시장 판매량 1위를 지키고 있습니다. 올해도 세계 시장 점유율 5.5%, 중국 점유율 30%대를 기록하고 있습니다. 설화맥주는 1994년 영국 사브밀러와 중국 국유기업 화룬창업이 합작하면서 만들어졌습니다. 중국에서 L당 1달러 정도에 팔리며 '싸고 맛있는 국민 맥주'로 이름을 알렸습니다. 지난해 화룬창업은 AB인베브에 인수된 사브밀러가 보유한 화룬설화 양조 지분 49%를 16억달러(약 2조원)에 인수했습니다. 100% 중국 회사가 된 것입니다.

그러나 雪花啤酒를 당분간 국내에서 맛보기는 힘들 것 같습니다. 왜냐하면 주류 수입업체 니혼슈코리아는 설화의 수입을 추진했지만 얼마 전 포기했습니다. 이유는 아모레퍼시픽 때문입니다. 아모레는 대표 화장품 '설화수(雪花秀)'의 유사 브랜드 난립을 막기 위해 '설화'의 상표권까지 등록해 놓았습니다. '설화'라는 이름으로 국내에서 파는 것은 불가능하게 만들어 놓았습니다. 하지만 중국 측이 설화라는 이름을 포기할 수 없다고 해 수입이 무산되었습니다. 니혼슈코리아는 설화와 같은 뜻의 영어 발음인 '스노우', 중국어 발음인 '쉐화' 등으로 표기하는 대안을 제시했지만 모두 거절당한 것으로 알려졌습니다.

복 습

복습내용

第1课 ～ 第5课

1 질문을 듣고, 다음 그림을 보고 답을 해보세요. 🎧

그녀는 절식하는 다이어트해서, 최대한 적게 먹어야 해요.

비가 너무 많이 내려서, 우산을 써도 다 젖어요.

환경 보호를 위해서, 저는 제 컵을 챙겨서 가요.

저는 다음주에 면접보러 가요.

어제 고객을 모시고 밥을 먹었더니, 집에 조금 늦게 도착했어요.

2 밑줄 친 부분과 같은 의미의 단어를 찾아 보세요.

❶ 你们不用等我，先开始吧。再说，我还不知道几点能下班呢。（　　）

　　A. 还是　　　B. 但是　　　C. 或者　　　D. 而且

❷ 我认为日本市场不如中国市场大。（　　）

　　A. 以为　　　B. 觉得　　　C. 视为　　　D. 当

❸ 光说不做是没办法成功的。（　　）

　　A. 只　　　　B. 才　　　　C. 已经　　　D. 最好

❹ 电动车既环保又实用。（　　）

　　A. 才　　　　B. 刚　　　　C. 只　　　　D. 又

❺ 他昨天没请假就没来上班，因此经理很生气。（　　）

　　A. 而且　　　B. 还有　　　C. 所以　　　D. 因为

3 괄호 안의 단어가 들어갈 알맞은 위치를 찾아 보세요.

❶ (下来)

我想 ⓐ 趁 ⓑ 夏天以前把体重 ⓒ 减 ⓓ 。

❷ (要不然)

ⓐ 以后下雨你就 ⓑ 别 ⓒ 打伞了,穿 ⓓ 雨衣吧。

❸ (不见得)

ⓐ 其实我觉得 ⓑ 戴口罩,也 ⓒ 就 ⓓ 能起到防护作用啊。

❹ (而已)

我只是 ⓐ 说说 ⓑ ,适合 ⓒ 自己的才是最好的 ⓓ 。

❺ (有助于)

ⓐ 适当的压力 ⓑ 我们 ⓒ 更加 ⓓ 努力。

4 그림을 보고 주어진 단어를 활용하여 문장을 완성하세요.

❶ Keyword ▶ 坚持

매일 아침 그녀는 꾸준히 운동을 해요.

❷ Keyword ▶ 不如

제 생각에는 술을 선물하는 것보다 차를 선물하는 게 좋은 것 같아요.

❸ Keyword ▶ 环保

우리는 마땅히 환경 보호를 해야 해요.

❹ Keyword ▶ 面试

다음 주에 저는 면접 봐요.

❺ Keyword ▶ 显得

그는 피곤해 보여요.

M·E·M·O

第 6 课

谈恋爱不是两个人的事吗?
Tán liàn'ài búshì liǎngge rén de shì ma?

연애는 두 사람만의 일이 아닌가요?

01 주요표현
- 연애 및 결혼 관련된 표현

02 주요어법
- 'A跟B一样'
- '尽管'
- '只要…就'
- '与其A, 不如B'

01 | 准备 준비하기

单词 단어

- **相亲** xiāngqīn — 동 (신부감[신랑감]의) 선을 보다
- **类** lèi — 명 유(類) / 종류
- **人民** rénmín — 명 인민
- **挑选** tiāoxuǎn — 동 고르다 / 선택하다
- **尽管** jǐnguǎn — 접 비록[설령] …라 하더라도 / …에도 불구하고
- **恋爱** liàn'ài — 명 연애 / 동 연애하다
- **家庭** jiātíng — 명 가정
- **父辈** fùbèi — 명 아버지 대(代)
- **单身** dānshēn — 명 단신 / 홀몸 / 독신
- **节目** jiémù — 명 종목 프로그램
- **娱乐** yúlè — 명 오락 / 즐거움
- **对象** duìxiàng — 명 애인 / 결혼 상대
- **一样** yíyàng — 형 같다 / 동일하다
- **谈** tán — 동 말하다 / 이야기하다
- **婚姻** hūnyīn — 명 혼인 / 결혼
- **结合** jiéhé — 명 결합 / 동 결합하다
- **想法** xiǎngfǎ — 명 생각 / 의견

팔선생 Tip

20대 후반이 된 남녀가 결혼 못 하면 중국의 부모들은 매우 걱정을 합니다. 하지만 요즘 중국 젊은 사람들은 결혼에 대한 관념이 바뀌면서 결혼 시기가 점점 늦어지고 있습니다. 그러나 부모님 입장에서는 큰 고민거리가 돼버렸습니다. 혹시 우리 아이가 이러다 결혼 못 하는 게 아니냐라는 생각으로 부모님들이 자신의 자식들의 이력서를 들고 주말에 공원에서 중매를 합니다. 그래서 주말에 상하이 인민공원에 가면 중매를 하러 오신 부모님들로 북적입니다.

第6课 | 谈恋爱不是两个人的事吗? Tán liàn'ài búshì liǎngge rén de shì ma? 연애는 두 사람만의 일이 아닌가요?

02 会话 회화

연애 프로그램에 관한 표현

金铉雅
Jīn xuànyǎ

昨天我在电视上看了关于一个相亲节目。
Zuótiān wǒ zài diànshì shang kàn le guānyú yíge xiàngqīn jiémù.
어제 저 텔레비전에서 소개팅 관련된 프로그램을 봤어요.

李明
Lǐ míng

最近相亲类的娱乐节目好像特别多。
Zuìjìn xiàngqīn lèi de yúlè jiémù hǎoxiàng tèbié duō.
요즘 소개팅 같은 예능 프로그램이 특별히 많은 것 같아요.

金铉雅
Jīn xuànyǎ

**在上海的人民公园,
有好多父母们拿着自己子女的照片来相亲。**
Zài Shànghǎi de rénmín gōngyuán, yǒu hǎo duō fùmǔmen názhe zìjǐ zǐnǚ de zhàopiàn lái xiàngqīn.
상하이 인민 공원에서 부모님들이 자녀의 사진을 들고 와서 중매를 서요.

李明
Lǐ míng

**我也听说过, 父母们为了给自己的子女找到合适的对象,
亲自去挑选。搞得跟人才市场招聘一样。**
Wǒ yě tīngshuōguo, fùmǔmen wèile gěi zìjǐ de zǐnǚ zhǎodào héshì de duìxiàng, qīnzì qù tiāoxuǎn. Gǎo de gēn réncái shìchǎng zhāopìn yíyàng.
저도 들어본 적이 있어요. 부모님들은 자녀들에게 적합한 배우자를 만나게 하기 위해 직접 나서서 선택해요. 마치 인재시장에서 구인하는 것과 같아요.

金铉雅
Jīn xuànyǎ

**为什么中国的父母要给孩子亲自挑选对象呢?
谈恋爱不是两个人的事吗?**
Wèishénme Zhōngguó de fùmǔ yào gěi háizi qīnzì tiāoxuǎn duìxiàng ne? Tán liàn'ài búshì liǎngge rén de shì ma?
왜 중국에서는 부모님이 자식의 배우자를 직접 선택하세요?
연애는 두 사람만의 일이 아니에요?

李明 Lǐ míng

尽管谈恋爱是两个人的事，但是婚姻是家庭和家庭的结合。
Jǐnguǎn tán liàn'ài shì liǎngge rén de shì, dànshì hūnyīn shì jiātíng hé jiātíng de jiéhé.
비록 연애는 두 사람의 일이지만 혼인은 가정과 가정의 결합이에요.

金铉雅 Jīn xuànyǎ

我看父辈们的想法很难改变。
最近在韩国，很多人都更喜欢单身生活。
Wǒ kàn fùbèimen de xiǎngfǎ hěn nán gǎibiàn. Zuìjìn zài Hánguó, hěn duō rén dōu gèng xǐhuān dānshēn shēnghuó.
제가 보기에는 아버님 세대의 생각은 바꾸기 매우 힘들어요.
요즘 한국에서는 많은 사람들이 싱글 생활을 더 즐겨요.

李明 Lǐ míng

我父母也经常让我快点儿结婚呢。
Wǒ fùmǔ yě jīngcháng ràng wǒ kuàidiǎnr jiéhūn ne.
우리 부모님도 저보고 빨리 결혼하라고 재촉하세요.

★ 好像[hǎoxiàng]과 像[xiàng]은 모두 '마치 …와 같다'라는 의미를 가지고 있습니다. 다만 두 단어는 다소 차이가 있습니다. 好像은 대체로 비유할 때나 과장할 때 사용됩니다.
像같은 경우 패턴으로 쓸 수 있으며 부사 很, 非常 등 수식어와 함께 사용합니다.

说一说 결혼에 대해 부모님 의견을 따라야하는지에 대해 이야기 해보세요.

第6课 | 谈恋爱不是两个人的事吗？ Tán liàn'ài búshì liǎngge rén de shì ma? 연애는 두 사람만의 일이 아닌가요？

03 准备 준비하기

单词 단어

- 国际 guójì — 명 국제
- 德国 Déguó — 명 독일
- 爱情 àiqíng — 명 (주로 남녀간의) 애정
- 国界 guójiè — 명 국경선
- 成长 chéngzhǎng — 동 성장하다
- 背景 bèijǐng — 명 배경
- 理解 lǐjiě — 명 이해 / 동 이해하다
- 面对 miànduì — 동 마주 보다 / 직면(直面)하다
- 鼓励 gǔlì — 동 격려하다
- 普遍 pǔbiàn — 형 보편적이다
- 老公 lǎogōng — 명 늙은이 / 노인
- 分 fēn — 동 나누다 / 가르다 / 분류하다
- 相爱 xiāng'ài — 동 서로 사랑하다
- 不同 bùtóng — 형 같지 않다 / 다르다
- 相处 xiāngchǔ — 동 함께 살다
- 包容 bāoróng — 포용(관용)하다
- 与其 yǔqí — 접 …하기 보다는 / …하느니 (차라리)

팔선생 Tip

중국도 예전에는 이혼을 하는게 부끄러운 일이라고 생각했지만, 시대가 변하면서 그런 인식도 바뀌어 이젠 이혼을 하는게 매우 정상적인 현상이 되어버렸습니다. 특히 80后, 90后 시대는 외동으로 태어나 상대적으로 배려심이 부족하며 사소한 문제도 이혼의 원인이 될 수 있습니다. 또한 외동을 가진 부모님들도 자식의 혼인에 간섭을 많이 하며 결국 이혼을 초래하는 경우도 적지 않습니다. 그러므로 현재 중국 사회는 이혼율이 상당히 높습니다.

04 | 会话 회화

국제결혼에 관한 표현

李明 Lǐ míng

铉雅，你怎么看国际婚姻啊？
Xuànyǎ, nǐ zěnme kàn guójì hūnyīn a?
현아 씨, 당신은 국제결혼에 대해 어떻게 생각해요?

金铉雅 Jīn xuànyǎ

我觉得现在国际婚姻很普遍，不是什么问题。
Wǒ juéde xiànzài guójì hūnyīn hěn pǔbiàn, búshì shénme wèntí.
요즘 국제결혼이 아주 보편적이라서 별 문제가 되지 않다고 생각해요.

李明 Lǐ míng

我朋友找了一个德国老公，下个月就要搬去德国了。
Wǒ péngyou zhǎo le yíge Déguó lǎogōng, xiàge yuè jiù yào bān qù Déguó le.
제 친구는 독일남편을 얻어서 다음 달에 독일로 이사가요.

金铉雅 Jīn xuànyǎ

我觉得爱情不分年龄，不分国界。
只要两个人相爱，就不是问题。
Wǒ juéde àiqíng bùfēn niánlíng, bùfēn guójiè.
Zhǐyào liǎngge rén xiāng'ài, jiù búshì wèntí.
제 생각에는 사랑에 있어서 나이와 국경은 없는 것 같아요.
두 사람이 사랑하면 전혀 문제가 되지 않아요.

李明 Lǐ míng

话是这么说，不过两个人的成长环境不同，
文化背景也不同，相处起来会比较难吧？
Huà shì zhème shuō, búguò liǎngge rén de chéngzhǎng huánjìng bùtóng, wénhuà bèijǐng yě bùtóng, xiāngchǔqǐlái huì bǐjiào nán ba?
말은 그렇게 하지만 두 사람의 성장 환경에 따라 문화적 배경도 달라요,
함께 살려면 비교적 어려움이 있지 않을까요?

金铉雅
Jīn xuànyǎ

是啊, 相互理解, 相互包容是最重要的。
Shì a, xiānghù lǐjiě, xiānghù bāoróng shì zuì zhòngyào de.
그래요, 서로 이해하고 서로 포용하는 것이 가장 중요해요.

李明
Lǐ míng

我担心我朋友去了德国, 家人亲戚都不在身边, 遇到什么问题都要自己面对。
Wǒ dānxīn wǒ péngyou qù le Déguó, jiārén qīnqī dōu búzài shēnbiān, yùdào shénme wèntí dōu yào zìjǐ miànduì.
나는 내 친구가 독일 가면, 가족이나 친척 모두 곁에 있지 않아,
어떤 어려움에 부딪치더라도 스스로 직면해야 해서 걱정이에요.

金铉雅
Jīn xuànyǎ

你与其在这儿为她担心, 不如多鼓励和祝福她呢。
Nǐ yǔqí zài zhèr wèi tā dānxīn, bèrú duō gǔlì hé zhùfú tā ne.
여기서 그녀를 걱정하는 것보다 차라리 그녀를 많이 격려하고 축복하는 것이 낫겠어요.

★ 老公[lǎogōng]은 명사로 '노인, 늙은이'라는 의미가 있지만 현대 중국어에서는 '남편'이라는 뜻으로 丈夫[zhàngfu]와 같은 의미로 사용되고 있습니다.

마찬가지로 老婆[lǎopo]도 妻子[qīzi]와 같은 뜻으로 '아내'라는 의미로 사용되고 있습니다.

说一说 국제결혼에 대한 의견을 이야기 해보세요.

05 关键表达 패턴

1 ~인 것 같다를 나타내는 好像의 활용

最近 Zuìjìn	相亲类的娱乐节目 xiàngqīn lèi de yúlè jiémù 养小猫小狗的人 yǎng xiǎomāo xiǎogǒu de rén 喜欢一个人旅行的人 xǐhuān yíge rén lǚxíng de rén 得感冒的人 dé gǎnmào de rén	好像特别多。 hǎoxiàng tèbié duō.

2 ~하기만 하면을 나타내는 只要의 활용

只要 Zhǐyào	两个人相爱， liǎngge rén xiāng'ài, 你同意， nǐ tóngyì, 不下雨， bú xiàyǔ, 让妈妈高兴， ràng māma gāoxìng,	就 jiù	不是问题。 búshì wèntí. 行。 xíng. 去吧。 qù ba. 是我最大的幸福。 shì wǒ zuìdà de xìngfú.

3 ~와 같다를 나타내는 跟~一样의 활용

搞得跟 Gǎodé gēn	人才市场招聘 réncái shìchǎng zhāopìn 自由市场 zìyóu shìchǎng 电影 diànyǐng 从来没吃过饭 cónglái méi chīguo fàn	一样。 yíyàng.

4 서로를 나타내는 相互의 활용

相互 Xiānghù	包容是最重要的。 bāoróng shì zuì zhòngyào de. 学习才能有发展。 xuéxí cái néng yǒu fāzhǎn. 帮助是应该的。 bāngzhù shì yīnggāi de. 了解更重要。 liǎojiě gèng zhòngyào.

06 | 语法 어법

1. A跟B一样

▶ A 跟 B 一样은 'A는 B와 같다'라는 의미로서, 말 그대로 A와 B가 같다, 동일하다는 것을 의미합니다. 跟대신에 和를 사용할 수 있습니다.

搞得跟人才市场招聘一样。
Gǎodé gēn réncái shìchǎng zhāopìn yíyàng.
마치 인재시장에서 구인하는 것과 같아요.

他跟我一样, 喜欢一个人去旅行。
Tā gēn wǒ yíyàng, xǐhuān yíge rén qù lǚxíng.
그는 나와 같이 혼자 가는 여행을 좋아해요.

女儿长得跟爸爸一样。
Nǚér zhǎng de gēn bàba yíyàng.
딸은 아버지를 닮았습니다.

---

2. 尽管

▶ 尽管은 가정의 양보구문에 쓰이며, 虽然과 같은 뜻입니다. 앞쪽 어두에 오기도 하고 뒷절의 어두에 오기도 합니다.

尽管谈恋爱是两个人的事, 但是婚姻是家庭和家庭的结合。
Jǐnguǎn tán liàn'ài shì liǎngge rén de shì,
dànshì hūnyīn shì jiātíng hé jiātíng de jiéhé.
비록 연애는 두 사람의 일이지만 혼인은 가정과 가정의 결합입니다.

尽管他身体不舒服, 可还是去上班了。
Jǐnguǎn tā shēntǐ bù shūfu, kě háishì qù shàngbān le.
비록 그는 몸이 불편하지만 여전히 출근하러 갔어요.

他还是把钱借给我了, 尽管他也没有多少钱。
Tā háishì bǎ qián jiègěi wǒ le, jǐnguǎn tā yě méiyǒu duōshǎo qián.
그는 여전히 나에게 돈을 빌려 주었지만, 그는 돈이 얼마 없어요.

3 只要…就

▶ 只要…就는 조건문에 쓰입니다. 只要 뒤에는 충분조건이 제시되며 就뒤에는 그러한 조건으로 인해 얻어진 결과가 옵니다. 그러한 조건 하에서는 반드시 그러한 결과가 있다는 의미입니다.

只要两个人相爱, 就不是问题。
Zhǐyào liǎngge rén xiāng'ài, jiù búshì wèntí.
두 사람이 서로 사랑하면 문제가 되지 않아요.

只要努力, 就一定会成功。
Zhǐyào nǔlì, jiù yídìng huì chénggōng.
노력만 한다면, 반드시 성공할 것이에요.

只要努力, 就能把工作做好。
Zhǐyào nǔlì, jiù néng bǎ gōngzuò zuòhǎo.
노력하기만 하면 일을 잘 해낼 수 있어요.

4 与其A, 不如B

▶ 与其A, 不如B는 'A하느니 차라리 B하겠다'라는 뜻으로 A, B에 대해 비교해본 후 A가 아닌 B를 선택함을 나타냅니다.

你与其在这儿为她担心, 不如多鼓励和祝福她呢。
Nǐ yǔqí zài zhèr wèi tā dānxīn, bùrú duō gǔlì hé zhùfú tā ne.
여기서 그녀를 걱정하기보다 차라리 그녀를 많이 격려하고 축복하는 것이 더 낫겠어요.

与其在这儿担心, 不如你亲自去看看吧。
Yǔqí zài zhèr dānxīn, bùrú nǐ qīnzì qù kànkan ba.
여기서 걱정하기보다 직접 가서 확인하는 게 낫겠어요.

与其花钱吃药, 不如花钱去健身房。
Yǔqí huāqián chī yào, bùrú huāqián qù jiànshēnfáng.
돈을 써서 약을 먹기보다는, 그 돈으로 헬스클럽에 다니는 것이 낫겠어요.

07 | 练习 연습

1 녹음을 듣고 녹음의 대화와 일치하는 그림을 선택하여 체크 해주세요.

2 다음 <보기>를 보고 질문에 해당되는 대답을 골라 대화를 완성하세요.

< 보기 >

A. 恋爱不是两个人的事吗?

B. 父母挑选的人是对的。

C. 一方面得漂亮, 另一方面得性格好。

D. 只要两个人相爱, 就不是问题。

 질문 问：你怎么看国际婚姻啊?

정답 _____

3 다음 주어진 단어를 순서에 맞게 배열하세요.

❶ 父母们   相亲   拿着   来   照片

❷ 搞得   市场   人才   差不多   跟

❸ 起来   相处   会   难   比较

❹ 自己   遇到   什么问题   面对   都要

4 다음 밑줄 친 부분에 알맞은 내용을 채워 넣어 대화를 완성하세요.

A. 尽管   B. 只要   C. 面对

❶ A: _____ 困难，他总是很勇敢。
   B: 是的，我们应该向他学习。

❷ A: 明天的酒会你参加吗？
   B: _____ 我不喜欢喝酒，但是去是得去。

❸ A: 明晚的比赛，你能参加吗？
   B: _____ 公司不加班，我就一定去。

08 | 歇后语 헐후어

1

留得青山在 —— 不怕没柴烧
liú dé qīngshān zài - búpà méi chái shāo

'푸른 산을 남겨 두다'라는 뜻으로 청산이 있으면 땔감 걱정은 할 필요 없다는 의미로 가장 근본적이고 중요한 것을 남겨 두면 이 후의 회복과 발전은 걱정할 필요가 없다. 즉 근본이 충실하면 걱정할 것 없다를 표현할 때 사용합니다.

2

山中无老虎 —— 猴子称大王
shān zhōng wú lǎo hǔ - hóu zǐ chēng dàwáng

'산에 호랑이 없다'라는 뜻으로 왕이 없는 산 중 원숭이가 왕 노릇 대신 한다라는 의미로 뛰어난 인재가 없을 경우 실력이 부족한 자가 대신 주역을 맡으며 풍자할 때 사용합니다.

3

老虎的屁股 —— 摸不得
lǎohǔ de pìgǔ - mōbudé

'호랑이의 엉덩이'라는 뜻으로 호랑의 엉덩이 만지는 것은 매우 위험한 행동이며 만질 수 없다는 의미로 권세가 있는 사람을 거슬러서는 안된다고 비유할 때 사용합니다.

✅ 중국의 대표 간식

❶ 糖葫芦 [tánghúlu]

糖葫芦는 중국의 가장 대표적인 겨울 간식이라 할 수 있습니다. 다양한 과일을 꼬챙이에 꽂아 물엿이나 설탕을 녹여서 바르고 굳혀 만든 음식으로 송나라 때부터 만들어 먹었던 황궁 음식이 민간에 전해져 지금의 糖葫芦가 된 것입니다.

❷ 烧饼 [shāobǐng]

烧饼은 우리나라로 치면 호떡과 비슷하다고 할 수 있습니다. 반죽 안에 설탕, 야채, 고기 등 다양한 소를 넣어 화덕에 구워낸 음식으로 기름에 튀겨내는 우리나라 호떡과 달리 화덕에 구워 담백하기 때문에 아침식사로도 간편하게 자주 먹습니다.

❸ 手抓饼 [shǒuzhuābǐng]

手抓饼는 손으로 잡고 먹는 전병이라는 뜻으로 구운 밀가루 전병에 계란, 채소, 고기 등 자신이 원하는 다양한 재료와 소스를 뿌려 말아서 먹는 먹거리입니다. 간편하고 가격도 저렴해서 아침식사로도 자주 먹고, 간식거리로도 많이 먹습니다.

❹ 生煎馒头 [shēngjiān mántou]

生煎馒头는 반절만 구워 밑은 군만두처럼 바삭하고, 위는 물만두처럼 촉촉하게 조리하여 고기 육즙을 음미할 수 있는 중국식 만두의 일종입니다. 특히 상하이 지역에서 즐겨 먹습니다.

第 **7** 课

你大学做过兼职吗?
Nǐ dàxué zuòguo jiānzhí ma?
대학교 때 아르바이트 해본 적 있어요?

01 주요표현
- 대학생활과 관련된 표현

02 주요어법
- '舍不得'
- '随着'
- '非…不可'
- '只好'

01 | 准备 준비하기

单词 단어

兼职 jiānzhí	명 겸직 / 동 겸직하다
体验 tǐyàn	명 체험 / 동 체험하다
代 dài	명 대
独生子女 dúshēng zǐnǚ	외동 / 외동 자녀
零花钱 línghuāqián	명 용돈
便利店 biànlìdiàn	명 편의점
随着 suízhe	…따라서 …뒤이어 / …에 따라
掌握 zhǎngwò	동 파악하다 / 정복하다
打工 dǎgōng	동 아르바이트 하다
社会 shèhuì	명 사회
大多数 dàduōshù	명 대다수
舍不得 shěbude	아쉽다 / 미련이 남다 / 섭섭하다
挣 zhèng	동 일하여 벌다
咖啡厅 kāfēitīng	명 커피숍
时代 shídài	명 (역사상의) 시대
技能 jìnéng	명 기능 / 솜씨

팔선생 Tip

중국 대학생들은 한국처럼 아르바이트하는 학생이 많지 않습니다. 그 이유를 살펴보면 우선 최저 임금이 적기 때문입니다. 요즘 00后(2000년대 이후 태어난 사람) 세대는 소황제 시대이며 낮은 급여를 받으면서 아르바이트하려는 사람은 매우 적습니다. 또한 중국의 대학교는 학업이 바쁘며 평균 26-30학습을 받아야 하기 때문입니다. 또한 일자리도 다양하지 않기 때문에 설령 하더라도 주로 과외, 학생식당 배급원, 식당 서빙, 전단지 배부 등의 일을 합니다.

104 第7课 | 你大学做过兼职吗? Nǐ dàxué zuòguo jiānzhí ma? 대학교 때 아르바이트 해본 적 있어요?

02 | 会话 회화

대학교 아르바이트에 관한 표현

金铉雅
Jīn xuànyǎ

你大学做过兼职吗?
Nǐ dàxué zuòguo jiānzhí ma?
대학교 때 아르바이트해 본적 있어요?

李明
Lǐ míng

**我上大学的时候, 兼职的机会比较少,
而且父母也不让我出去打工。**
Wǒ shàng dàxué de shíhou, jiānzhí de jīhuì bǐjiào shǎo,
érqiě fùmǔ yě bú ràng wǒ chūqù dǎgōng.
내가 대학교 다닐 때 아르바이트를 할 기회가 비교적 적었어요,
게다가 부모님도 제가 아르바이트 하는 것을 원치 않으셨어요.

金铉雅
Jīn xuànyǎ

都是大学生了, 父母还不让打工啊?
Dōu shì dàxuéshēng le, fùmǔ hái bú ràng dǎgōng a?
대학생인데 부모님이 허락하지 않으세요?

李明
Lǐ míng

父母觉得上大学应该好好儿学习, 打工会影响学习。
Fùmǔ juéde shàng dàxué yīnggāi hǎohaor xuéxí,
dǎgōng huì yǐngxiǎng xuéxí.
부모님께서 대학교 가면 열심히 공부해야 하고,
아르바이트를 하면 공부에 영향을 미친다고 생각하기 때문이에요.

金铉雅
Jīn xuànyǎ

不过大学不只是学习, 也应该体验社会生活啊。
Búguò dàxué bù zhǐshì xuéxí, yě yīnggāi tǐyàn shèhuì shēnghuó a.
그러나 대학교는 공부만 하는 곳이 아니라 사회 생활도 경험해야 해요.

李明 Lǐ míng

而且我们这一代人大多数都是独生子女，父母都舍不得我们去打工。

Érqiě wǒmen zhè yídài rén dàduōshù dōu shì dúshēng zǐnǚ, fùmǔ dōu shěbude wǒmen qù dǎgōng.

게다가 우리 세대는 대다수 외동이라 부모님께서는 우리가 아르바이트 하는 것을 마음 아파하셨어요.

金铉雅 Jīn xuànyǎ

我上大学的时候，可做了不少兼职呢。我的零花钱都是自己挣的。便利店，咖啡厅，饭店，我都做过。

Wǒ shàng dàxué de shíhou, kě zuò le bùshǎo jiānzhí ne. Wǒ de línghuāqián dōu shì zìjǐ zhèng de. Biànlìdiàn, kāfēitīng, fàndiàn, wǒ dōu zuòguo.

전 대학 다닐 때 아르바이트 많이 했어요. 용돈도 스스로 벌어서 사용했어요. 편의점, 커피숍, 식당 다 해본 적이 있어요.

李明 Lǐ míng

大学生除了学习，体验社会经验同样也重要。随着时代发展，我们也要掌握更多的技能。

Dàxuéshēng chúle xuéxí, tǐyàn shèhuì jīngyàn tóngyàng yě zhòngyào. Suízhe shídài fāzhǎn, wǒmen yě yào zhǎngwò gèng duō de jìnéng.

대학생은 공부 외에 사회를 경험하는 것도 매우 중요해요. 시대 발전에 따라 우리는 더 많은 기능을 습득해야 해요.

★ 兼职[jiānzhí]와 打工[dǎgōng]는 모두 동사로 '아르바이트 하다'라는 의미가 있습니다. 다만 두 단어가 다소 차이가 있습니다. 兼职같은 경우 본업이 있고 부업을 할 때 주로 많이 사용됩니다. 打工같은 경우 정규직이 아닌 임시직으로 하는 일을 표현할 때 자주 사용됩니다.

대학교 때 아르바이트한 경험이 있는지, 있다면 어떤 경험인지에 대해 이야기 해보세요.

03 | 准备 준비하기

单词 단어

- 社团 shètuán — 명 (노동조합·학생회 따위의) 결사 단체 동아리
- 摄影 shèyǐng — 명 촬영 / 동 촬영하다
- 拒绝 jùjué — 동 거절하다
- 合唱团 héchàngtuán — 명 합창단
- 知识 zhīshi — 명 지식
- 教 jiāo — 동 가르치다 / 전수하다
- 功能 gōngnéng — 명 기능 / 작용 / 효능
- 加入 jiārù — 동 가입하다 / 참가하다
- 非…不可 fēi…bùkě — …하지 않으면 안 된다 / 꼭 …(해야) 한다
- 只好 zhǐhǎo — 부 부득이 부득불 / 할 수 없이
- 表演 biǎoyǎn — 명 연출 / 연기 / 동 연출(하다) / 연기(하다)
- 技巧 jìqiǎo — 명 기교 / 테크닉
- 相机 xiàngjī — 명 [약칭] 사진기 / 카메라
- 需要 xūyào — 동 요구되다 / 필요로 하다

팔선생 Tip

중국 대학교 기숙사는 2002년 교육부에 따르면 4년제 본과 대학은 4인 1실, 석사는 2인 1실, 박사는 1인 1실의 기준을 세웠습니다. 중국의 대학생들은 각 지역에서 오기 때문에 거의 90%의 대학생들은 학교 다니는 동안 기숙사 생활을 합니다. 그러나 이 기준을 실행하는 학교는 많지 않습니다. 왜냐하면 중국 대학교의 학생수는 매우 많기 때문에 6인 1실 또는 8인 1실의 경우가 많습니다. 그러나 전에 비해 기숙사 환경은 많이 개선 되었습니다.

04 | 会话 회화

대학교 동아리에 관한 표현

金铉雅
Jīn xuànyǎ

你在大学参加过什么社团?
Nǐ zài dàxué cānjiāguo shénme shè tuán?
대학교에서 어떤 동아리를 했어요?

李明
Lǐ míng

上大学的时候，我加入了学校的摄影社团。
Shàng dàxué de shíhou, wǒ jiārù le xuéxiào de shèyǐng shètuán.
내가 대학 다닐 때 학교의 촬영동아리에 가입했어요.

金铉雅
Jīn xuànyǎ

没听你说过，你喜欢摄影吗?
Méi tīng nǐ shuōguo, nǐ xǐhuān shèyǐng ma?
사진 찍는 걸 좋아한다는 소리를 들어보지 못 했어요?

李明
Lǐ míng

其实是我朋友喜欢，他非要我陪他一起参加不可。
没办法拒绝，只好陪他一起参加。你呢?
Qíshí shì wǒ péngyou xǐhuān, tā fēi yào wǒ péi tā yìqǐ cānjiā bùkě. Méi bànfǎ jùjué, zhǐhǎo péi tā yìqǐ cānjiā. Nǐne?
사실 제 친구가 좋아했어요, 친구가 꼭 같이 가입하자고 해서요.
거절할 방법이 없어서 친구와 같이 가입하게 되었어요. 현아씨는요?

金铉雅
Jīn xuànyǎ

我参加了学校的合唱团。
平时学校有活动的时候，我们合唱团都会表演节目。
Wǒ cānjiā le xuéxiào de héchàngtuán. Píngshí xuéxiào yǒu huódòng de shíhou, wǒmen héchàngtuán dōu huì biǎoyǎn jiémù.
학교 합창단에 가입했어요. 평소 학교 행사 있을 때 우리 합창단은 공연도 했어요.

李明
Lǐ míng

听起来挺有意思的。
不过, 我在摄影社团, 也学了不少摄影知识和技巧。
Tīngqǐlái tǐng yǒuyìsi de. Búguò, wǒ zài shèyǐng shètuán,
yě xué le bùshǎo shèyǐng zhīshí hé jìqiǎo.

들어보니 재미있겠는데요.
그러나 저는 촬영동아리에서 촬영 지식과 기술을 많이 배웠어요.

金铉雅
Jīn xuànyǎ

找机会你也教教我, 我可是最爱自拍了。
Zhǎo jīhuì nǐ yě jiāojiao wǒ, wǒ kěshì zuì ài zìpāi le.

기회되면 가르쳐주세요, 나는 셀카 찍는 걸 제일 좋아해요.

李明
Lǐ míng

现在手机相机都有很多功能, 拍照片都不需要技术。
Xiànzài shǒujī xiàngjī dōu yǒu hěn duō gōngnéng,
pāi zhàopiàn dōu bù xūyào jìshù.

요즘 휴대폰 카메라가 기능이 다양해서 사진 찍는 데 기술이 필요하지 않아요.

★ 活动[huódòng]은 중국어에서 여러 가지 의미가 있습니다.

① 동사로 '운동하다'라는 의미가 있습니다.
② 동사로 '동사 (어떤 목적을 위해) 활동하다[행동하다]'라는 의미가 있습니다.
③ 명사로 '행사, 이벤트'라는 의미가 있습니다.

 说一说

대학교 때 동아리 경험이 있는지,
있다면 어떤 동아리인지에 대해 이야기 해보세요.

05 | 关键表达 패턴

1 부정을 나타내는 哪의 활용

不过大学 Búguò dàxué	不只是学习。 bù zhǐshì xuéxí.
认真学习 Rènzhēn xuéxí	不只是为了让爸爸妈妈高兴。 bù zhǐshì wèile ràng bàba māma gāoxìng.
我这么做 Wǒ zhème zuò	不只是为了我自己。 bù zhǐshì wèile wǒ zìjǐ.
成功 Chénggōng	不只是靠运气。 bù zhǐshì kào yùnqi.

2 기회를 찾다를 나타내는 找机会의 활용

找机会 Zhǎo jīhuì	你也教教我。 nǐ yě jiāojiao wǒ.
	咱们一起好好聊聊。 zánmen yìqǐ hǎohao liáoliao.
	跟他解释一下。 gēn tā jiěshì yíxià.
	一起聚一聚。 yìqǐ jù yi jù.

3 마찬가지이다를 나타내는 同样의 활용

体验社会经验 Tǐyàn shèhuì jīngyàn	同样 tóngyàng	也重要。 yě zhòngyào.
你想别人尊敬你 Nǐ xiǎng biérén zūnjìng nǐ		你也要尊敬别人。 nǐ yě yào zūnjìng biérén.
你的责任 Nǐ de zérèn		也是我们的责任。 yě shì wǒmen de zérèn.
他们 Tāmen		也是英雄。 yě shì yīngxióng.

4 부득이를 나타내는 只好의 활용

没办法拒绝，Méi bànfǎ jùjué,	只好 zhǐhǎo	陪他一起参加。 péi tā yìqǐ cānjiā.
我突然有事，Wǒ tūrán yǒu shì		先走了。 xiān zǒu le.
妈妈不在家，Māma bú zài jiā		点外卖。 diǎn wàimài.
停电了，Tíng diàn le		走楼梯。 zǒu lóutī.

06 | 语法 어법

1 舍不得

▶ 舍不得는 '헤어지기 아쉽다' 또는 '~하기 섭섭하다/아쉽다'라는 의미로 어떤 일이나 혹은 사람에 대해 아쉬운 마음을 나타낼 때 사용합니다.

而且我们这一代人大多数都是独生子女，父母都舍不得我们去打工。
Érqiě wǒmen zhè yídài rén dàduōshù dōu shì dúshēng zǐnǚ, fùmǔ dōu shěbude wǒmen qù dǎgōng.
게다가 우리 세대는 대다수 외동이라 부모님께서는 우리가 아르바이트 하는 것을 마음 아파하세요.

真舍不得和你分开。
Zhēn shěbude hé nǐ fēnkāi.
정말 당신과 헤어지기 섭섭해요.

老师送我的这块表，我舍不得戴。
Lǎoshī sòng wǒ de zhèkuài biǎo, wǒ shěbude dài.
선생님께서 내게 주신 이 시계를, 나는 차고 다니기가 아까워요.

2 随着

▶ 随着는 '随着~, (결과)'의 형태로 쓰여, 변화, 발전, 개선 등에 따라 어떠한 결과가 나타나는 것을 표현합니다.

随着时代发展，我们也要掌握更多的技能。
Suízhe shídài fāzhǎn, wǒmen yě yào zhǎngwò gèng duō de jìnéng.
시대 발전에 따라 우리는 더 많은 기능을 습득해야 해요.

人的想法会随着环境的变化而发生变化。
Rén de xiǎngfǎ huì suízhe huánjìng de biànhuà ér fāshēng biànhuà.
인간의 생각은 환경의 변화에 따라 바뀌어요.

随着物质生活的提高，文化消费的要求也越来越高了。
Suízhe wùzhì shēnghuó de tígāo, wénhuà xiāofèi de yāoqiú yě yuèláiyuè gāo le.
물질적인 생활이 향상됨에 따라, 문화 소비 분야의 요구도 갈수록 더 높아졌어요.

3 非…不可

▶ 非…不可는 '…하지 않으면 안 된다, 꼭 …(해야) 한다'라는 의미로 이중 부정을 통해 강한 긍정을 나타냅니다.

其实是我朋友喜欢，他非要我陪他一起参加不可。
Qíshí shì wǒ péngyou xǐhuān, tā fēi yào wǒ péi tā yìqǐ cānjiā bùkě.
사실 내 친구가 좋아했어요, 그가 꼭 같이 가입하자고 해서요.

这个问题我非搞清楚不可。
Zhège wèntí wǒ fēi gǎo qīngchǔ bùkě.
이 문제는 내가 기필코 확실히 파악하고 말 것이에요.

那事他非要亲自办不可。
Nà shì tā fēi yào qīnzì bàn bùkě.
그 일은 하여간 그가 직접 해야만 해요.

4 只好

▶ 只好는 부사 '부득이, ~할 수밖에 없다'라는 의미로 다른 선택이 없어 어쩔수 없이 하는 행동을 나타낼 때 사용합니다.

没办法拒绝，只好陪他一起参加。
Méi bànfǎ jùjué, zhǐhǎo péi tā yìqǐ cānjiā.
거절할 방법이 없어서 그와 같이 가입하게 되었어요.

没时间做饭，只好去饭店吃了。
Méi shíjiān zuòfàn, zhǐhǎo qù fàndiàn chī le.
밥을 할 시간이 없으니, 음식점에 가서 먹을 수밖에 없었어요.

我等了半天他还没回来，只好回来了。
Wǒ děng le bàntiān tā hái méi huílái, zhǐhǎo huílái le.
한참 동안 기다려도 그가 오지 않아, 나는 할 수 없이 돌아왔어요.

07 | 练习 연습

1 녹음을 듣고 녹음의 대화와 일치하는 그림을 선택하여 체크 해주세요.

❶ ☐

❷ ☐

2 다음 <보기>를 보고 질문에 해당되는 대답을 골라 대화를 완성하세요.

< 보기 >

A. 大学生兼职的机会不太多。

B. 父母不同意我做兼职。

C. 除了认真学习以外，学习社会经验也很重要。

D. 你大学做过哪些兼职？

질문 问：你觉得大学生应不应该做兼职？

정답 _____

3 다음 주어진 단어를 순서에 맞게 배열하세요.

❶ 打工   父母   我   去   舍不得

❷ 不一定   打工   学习   影响   会

❸ 加入   我   摄影社团   了   学校的

❹ 参加   只好   一起   他   陪

4 다음 밑줄 친 부분에 알맞은 내용을 채워 넣어 대화를 완성하세요.

> A. 舍不得   B. 随着   C. 只好

❶ A: 最近中国经济怎么样?
   B: _____ 一带一路的政策, 中国经济越来越好。

❷ A: 你怎么不多睡一会儿啊?
   B: 难得有机会出来, 我 _____ 睡觉时间。

❸ A: 昨天聚会你怎么没来啊?
   B: 我身体不舒服, _____ 先回家了。

08 | 歇后语 헐후어

1

空棺材出葬 ── 目(墓)中无人
kōng guāncái chū zàng - mù(mù)zhōng wú rén

'빈 관을 장지로 옮기다'라는 뜻으로 무덤에 사람이 없다는 의미입니다. 한자 墓와 目는 발음이 같으며 성어 안하무인하다로 해석하며 즉 눈에 뵈는 게 없다, 거만하고 남을 업신여길 때 사용합니다.

2

孔夫子搬家 ── 净是输(书)
kǒng fūzǐ bānjiā - jìng shì shū(shū)

'공자가 이사를 가다'라는 뜻으로 유명한 사상가이자 교육가인 공자가 이사를 간다면 전부 다 책 밖에 없겠다라는 의미입니다. 한자 书와 输는 발음이 같으며 말 그대로 매번지다 즉 무슨 일을 하든 실패한다를 표현할 때 사용합니다.

3

青蛙跳井 ── 不懂(扑通)
qīngwā tiào jǐng - bù dǒng (pū tōng)

'개구리가 우물로 뛰어들다'라는 뜻으로 개구리가 우물에 뛰어들면 扑通이라는 의성어로 '첨벙', '풍덩'이라는 소리가 나타냅니다. 그러므로 이해하지 못하다, 알지 못하다를 비유할 때 사용합니다.

✅ 중국의 전기차

중국의 전기차 메이커 샤오펑 모터스가 G3 SUV 이후 두 번째 양산 모델로 'P7' 인텔리전트 일렉트릭 쿠페를 2019 상하이 모터쇼에서 선보였습니다.

샤오펑 P7은 두 개의 전기모터로 구동되었습니다. 앞뒤 하나씩 장착되어 올-휠 드라이브 시스템으로 시속 100km에 도달하는데 4초를 끊어냅니다. 배터리에 대한 보다 자세한 내용은 공개되지 않았습니다. 하지만 샤오펑은 P7의 주행가능 거리가 600km가 될 것이라고 합니다. 이는 약 100kWh에 가까운 용량입니다.

강력한 파워트레인 이외 샤오펑 P7은 자율주행을 위한 엔비디아 드라이브 세이버(Nvidia Drive Xaiver) 칩을 통합하며 퀄컴의 최고 제품인 스냅드래곤 820A 오토모티브 프로세스를 사용합니다. 이 두 가지와 엑스파일러(XPILOT) 3.0 시스템이 결합하여 레벨 3의 자율주행 가능해집니다. 레벨 3 자율주행에는 액티브 크루즈 컨트롤, 고속도로 레인 셀렉션, 자동 주차 기능 등이 포함됩니다.

샤오펑 P7의 내부에는 시스템의 이모션 레코니션 소프트웨어 덕분에 목소리와, 터치, 그리고 얼굴 인식 등의 통합 기능을 사용할 수 있습니다.

第 **8** 课

我新换的手机怎么样?
Wǒ xīn huàn de shǒujī zěnmeyàng?
새로 바꾼 휴대폰 어때요?

01 주요표현
- 스마트폰과 관련된 표현

02 주요어법
- '来…去'
- '说实话'
- '除非…否则'
- '顺便'

01 | 准备 준비하기

单词 단어

- 厉害 lìhai — (형) 대단하다 / 굉장하다
- 之前 zhīqián — …의 앞 / …의 전
- 效果 xiàoguǒ — (명) 효과
- 其它 qítā — 기타
- 说实话 shuō shíhuà — (동) 사실대로 말하다
- 电子产品 diànzǐchǎnpǐn — (명) 전자제품
- 形容 xíngróng — (동) 형용하다 / 묘사하다
- 减轻 jiǎnqīng — (동) 경감하다
- 稍微 shāowēi — (부) 조금 / 약간
- 显示屏 xiǎnshìpíng — (명) 디스플레이 / 장치 스크린
- 视觉 shìjué — (명) 생리 / 시각
- 一绝 yìjué — (형) 유일무이하다 / 제일이다
- 基本上 jīběnshang — (부) 대체로 / 거의
- 了解 liǎojiě — (동) (자세하게 잘) 알다 / 이해하다
- 愉悦 yúyuè — (형) 유쾌하고 기쁘다
- 准确 zhǔnquè — (형) 확실하다
- 代价 dàijià — (명) 대가

딸선생 Tip

중국의 인공지능 기술은 블록체인, IoT 등 4차 산업혁명 기반 기술을 통한 산업 혁신이 중국 곳곳에서 일어나고 있습니다. 특히 중국의 안면인식 기술은 단연 세계최고로 꼽히고 있습니다. 중국은 2015년부터 안면인식 기술 테스크포스를 결성하고 안면인식 기술을 개발해왔습니다. 현재 중국에서는 얼굴인식 기술을 활용한 분야가 급속히 확대되고 있습니다. 은행의 ATM기기는 물론, 학교, 식당, 역 심지어는 공중화장실에서도 얼굴인식을 활용하고 있습니다.

第8课 | 我新换的手机怎么样? Wǒ xīn huàn de shǒujī zěnmeyàng? 새로 바꾼 휴대폰 어때요?

02 | 会话 회화

휴대폰 구입 관련 표현

李明
Lǐ míng

你看我新换的手机怎么样?
Nǐ kàn wǒ xīn huàn de shǒujī zěnmeyàng?
새로 바꾼 휴대폰 어때요?

金铉雅
Jīn xuànyǎ

你可真厉害。没用一年, 又换新手机啦。
Nǐ kě zhēn lìhài. Méi yòng yìnián, yòu huàn xīn shǒujī la.
정말 대단해요. 1년도 사용하지 않고 또 새 휴대폰으로 바꿨어요.

李明
Lǐ míng

这款手机的功能很多, 而且显示屏也比之前的大。
视觉效果真是一绝。
Zhèkuǎn shǒujī de gōngnéng hěn duō, érqiě xiǎnshìpíng yě bǐ zhīqián de dà. Shìjué xiàoguǒ zhēn shì yìjué.
이 휴대폰은 기능이 아주 다양해요, 게다가 액정도 전에 보다 커요.
시각적인 효과는 정말 최고예요.

金铉雅
Jīn xuànyǎ

我用来用去, 就是那几个功能。
其它功能, 对我来说基本上都用不上。
Wǒ yòng lái yòng qù, jiù shì nà jǐge gōngnéng.
Qítā gōngnéng, duì wǒ láishuō jīběnshang dōu yòngbúshàng.
저는 이것저것 사용해도 몇 가지 기능밖에 사용하지 않아요.
다른 기능은 거의 사용하지 않아요.

李明
Lǐ míng

说实话, 我对手机的功能也不是全都了解。
Shuō shíhuà, wǒ duì shǒujī de gōngnéng yě búshì quán dōu liǎojiě.
솔직히 저도 휴대폰 기능에 대해 다 아는 것은 아니에요.

金铉雅
Jīn xuànyǎ

真搞不明白你们男人为什么这么喜欢电子产品。
Zhēn gǎo bù míngbai nǐmen nánrén wèishénme zhème xǐhuān diànzǐ chǎnpǐn.
남자들은 왜 그렇게 전자제품을 좋아하는지 정말 이해가 안돼요.

李明
Lǐ míng

**我换手机就跟你们女人换包一样，
会让我的心情变得愉悦。**
Wǒ huàn shǒujī jiù gēn nǐmen nǚrén huàn bāo yíyàng,
huì ràng wǒ de xīnqíng biàn de yúyuè.
제가 휴대폰을 바꾸는 것은 여자가 가방을 바꾸듯이 기분을 좋게 해요.

金铉雅
Jīn xuànyǎ

**你形容的太准确了。
不过，你这减轻压力的代价好像稍微大了点儿。**
Nǐ xíngróng de tài zhǔnquè le. Búguò, nǐ zhè jiǎnqīng yālì de dàijià hǎoxiàng shāowēi dà le diǎnr.
정말 적절한 비유네요.
그러나 스트레스를 푸는 대가는 좀 큰 것 같아요.

★ 之前[zhīqián]와 以前[yǐqián]는 모두 '…이전'이라는 의미가 있지만 두 단어는 다소 차이가 있습니다. 之前는 대체로 '특정 시간 이전'이라는 의미에만 쓰이지만 以前는 '특정 시간 이전'의 뜻 외에 '예전'이라는 의미로도 사용 가능합니다.

说一说 스마트폰의 다양한 기능에 대해 이야기 해보세요.

03 | 准备 준비하기

单词 단어

- **推荐** tuījiàn — 동 추천하다
- **智能手机** zhìnéng shǒujī — 명 스마트폰
- **除非** chúfēi — 접 오직 …하여야 (비로소)
- **缠** chán — 동 귀찮게 굴다
- **新鲜** xīnxiān — 형 신선하다
- **逛** guàng — 동 한가롭게 거닐다
- **顺便** shùnbiàn — 부 …하는 김에
- **性价比** xìngjiàbǐ — 명 가격 대비 성능
- **限制** xiànzhì — 동 제한하다 / 한정하다
- **否则** fǒuzé — 접 만약 그렇지 않으면
- **接触** jiēchù — 동 접촉하다 / 관계를 갖다
- **事物** shìwù — 명 사물
- **中关村** Zhōngguāncūn — 명 [지명] 중관춘

팔선생 Tip

한국의 용산 전자 상가와 비슷한 전자 제품 전문 쇼핑몰 중관춘은 '중국의 실리콘밸리'라고도 불리는 곳입니다. 이곳은 1980년 당시 중국과학원 물리연구소 상임 연구원이었던 천춘센 박사가 미국 실리콘밸리에 견학을 다녀온 뒤 '응용기술 서비스 중심'이란 이름의 벤처기업을 세운 것이 출발점이며 중국 정부는 1988년 중관춘을 최초의 국가첨단산업개발구로 지정했습니다.

04 会话 회화

휴대폰 추천에 대한 표현

张伟民
Zhāng wěimín

你能帮我推荐一款性价比比较合适的智能手机吗?
Nǐ néng bāng wǒ tuījiàn yìkuǎn xìngjiàbǐ bǐjiào héshì de zhìnéng shǒujī ma?
가성비 괜찮은 스마트폰 있으면 추천해 줄 수 있어요?

李明
Lǐ míng

是您想换手机吗?
Shì nín xiǎng huàn shǒujī ma?
휴대폰 바꾸고 싶으세요?

张伟民
Zhāng wěimín

不是, 是我女儿用的。她今年14岁, 初中一年级。
Bú shì, shì wǒ nǚ'ér yòng de.
Tā jīnnián shísì suì, chūzhōng yī niánjí.
그건 아니고 우리 딸이 쓸 거예요. 딸이 올해 14살, 중학교 1학년이에요.

李明
Lǐ míng

这么小的孩子就用手机啊? 我到大学才买手机呢。
Zhème xiǎo de háizi jiù yòng shǒujī a?
Wǒ dào dàxué cái mǎi shǒujī ne.
나이가 어린데 벌써 휴대폰을 사용한다고요? 저는 대학교에 가서나 휴대폰을 샀어요.

张伟民
Zhāng wěimín

最近的孩子们人手一个。
你不给她买吧, 她说你限制她交朋友。
除非给她买手机, 否则天天在家缠着她妈。
Zuìjìn de háizimen rénshǒu yíge. Nǐ bù gěi tā mǎi ba,
tā shuō nǐ xiànzhì tā jiāo péngyou. Chúfēi gěi tā mǎi shǒujī,
fǒuzé tiāntiān zài jiā chánzhe tāmā.
요즘 아이들은 휴대폰 하나씩 다 있어요. 안 사주면 친구 사귀는데 어려운 점이 있대요.
핸드폰을 사주지 않는다면 매일 엄마한테 사달라고 조를 거예요.

李明
Lǐ míng

现在的孩子们接触新鲜事物真快。
行，我帮您找找适合孩子们用的手机。
Xiànzài de háizimen jiēchù xīnxiān shìwù zhēn kuài.
Xíng, wǒ bāng nín zhǎozhao shìhé háizimen yòng de shǒujī.
요즘 애들은 새로운 것을 습득하는 것이 정말 빠른 것 같아요.
따님분한테 적합한 핸드폰 찾아드리는 것을 도와드리겠습니다.

张伟民
Zhāng wěimín

那就麻烦你了。哪天你有时间逛中关村，顺便帮我看看。
Nà jiù máfan nǐ le. Nǎtiān nǐ yǒu shíjiān guàng zhōngguāncūn, shùnbiàn bāng wǒ kànkan.
그럼 부탁 좀 할게요. 언제 시간 되면 중관촌에 가서 봐줘요.

李明
Lǐ míng

好的，经理。
Hǎode, jīnglǐ.
네, 사장님.

★ 人手[rénshǒu]는 기본적으로 명사 '일손'이라는 의미로 사용됩니다.
예) 人手不够。[Rénshǒu bú gòu.] 일손이 부족해요.

그러나 본문에서 '人手一个'는 '일손'이 아닌 '사람다마 한 개'라는 의미로 사용됩니다.

说一说   어린 나이에 휴대폰 사용하는 현상에 대해 이야기 해보세요.

05 | 关键表达 패턴

1 ▸ 이리저리~하다를 나타내는 来…去의 활용

我用来用去， Wǒ yòng lái yòng qù,	就是那几个功能。 jiù shì nà jǐ ge gōngnéng.
我问来问去， Wǒ wèn lái wèn qù,	还是不明白。 háishì bù míngbai.
我想来想去， Wǒ xiǎng lái xiǎng qù,	觉得这是最好的方法。 juéde zhè shì zuìhǎo de fāngfǎ.
我摸来摸去， Wǒ mō lái mō qù,	也不知道这是什么。 yě bù zhīdào zhèshì shénme.

2 ▸ 솔직히를 나타내는 说实话의 활용

说实话， Shuō shíhuà,	不是全都了解。 búshì quán dōu liǎojiě. 觉得这是最好的方法。 juéde zhèshì zuìhǎo de fāngfǎ. 我实在没办法理解你。 wǒ shízài méi bànfǎ lǐjiě nǐ. 汉语真不难。 hànyǔ zhēn bù nán.

3 ▸ 추천을 나타내는 推荐의 활용

你能帮我推荐 Nǐ néng bāng wǒ tuījiàn	智能手机吗？ zhìnéng shǒujī ma? 一部中国电影吗？ yíbù zhōngguó diànyǐng ma? 她去你们公司吗？ tā qù nǐmen gōngsī ma? 一本有意思的小说吗？ yìběn yǒuyìsi de xiǎoshuō ma?

4 ▸ ~하는 김에를 나타내는 顺便의 활용

逛中关村，Guàng zhōngguāncūn, 你见到她，Nǐ jiàndào tā, 进门的时候，Jìn mén de shíhou, 去北京出差，Qù Běijīng chūchāi,	顺便 shùnbiàn	帮我看看。bāng wǒ kànkan. 给她带去吧。gěi tā dàiqù ba. 把门关上。bǎ mén guānshang. 去了一趟故宫。qù le yítàng gùgōng.

06 | 语法 어법

1 来…去

▶ 来…去는 '자꾸 반복해서 말하다, 이리저리 둘러대다'라는 뜻으로 쓰여, 같은 동작을 여러 번 반복함을 나타냅니다.

我用来用去，就是那几个功能。
Wǒ yòng lái yòng qù, jiù shì nà jǐge gōngnéng.
이것저것 사용해도 몇 가지 기능밖에 사용하지 않아요.

说来说去，还是没解决问题。
Shuō lái shuō qù, háishì méi jiějué wèntí.
이리저리 둘러대도 결국은 문제를 해결하지 못 했어요.

吃来吃去，我觉得还是这家的菜最好吃。
Chī lái chī qù, wǒ juéde háishì zhèjiā de cài zuì hǎochī.
여기저기서 먹어봐도 이 집 요리가 제일 맛있어요.

2 说实话

▶ 说实话는 삽입구로서, 화자가 자신이 하는 말이 사실이거나 중요한 것임을 주의시킬 때 사용합니다.

说实话，我对手机的功能也不是全都了解。
Shuō shíhuà, wǒ duì shǒujī de gōngnéng yě búshì quán dōu liǎojiě.
솔직히 저도 휴대폰 기능에 대해 다 아는 것은 아니에요.

说实话，我又不能把他怎么样，只能看他自己了。
Shuō shíhuà, wǒ yòu bù néng bǎ tā zěnmeyàng, zhǐnéng kàn tā zìjǐ le.
솔직히 말해서 나도 그를 어떻게 할 수가 없어, 그가 스스로 해야죠.

你说实话，别再骗我了。
Nǐ shuō shíhuà, bié zài piàn wǒ le.
솔직히 말하고, 더이상 나를 속이지 마세요.

3 除非…否则

▶ 除非 뒤에는 유일한 조건이 제시되고, 否则 뒤에는 그 유일한 조건이 없을 때 나타나는 결과가 제시됩니다.

除非给她买手机, 否则天天在家缠着她妈。
Chúfēi gěi tā mǎi shǒujī, fǒuzé tiāntiān zài jiā chánzhe tāmā.
핸드폰을 사주지 않는다면 매일 자기 엄마한테 사달라고 조를 거예요.

除非生病, 否则他决不会请假的。
Chúfēi shēngbìng, fǒuzé tā jué bú huì qǐngjià de.
병이 나지 않았다면 그는 결코 휴가를 내지 않을 것이에요.

除非医生同意, 否则绝对不能出院。
Chúfēi yīshēng tóngyì, fǒuzé juéduì bù néng chūyuàn.
의사 선생님이 동의하지 않으면 절대 퇴원하면 안돼요.

4 顺便

▶ 顺便는 부사로 '~하는 김에'라는 뜻으로 고의적 행동이 아닌 다른 일에 곁들여함을 강조할 때 사용합니다.

哪天你有时间逛中关村, 顺便帮我看看。
Nǎ tiān nǐ yǒu shíjiān guàng zhōngguāncūn, shùnbiàn bāng wǒ kànkan.
언제 시간 되면 중관촌에 가서 봐줘요.

你经过收发室, 顺便看看有没有我的信件。
Nǐ jīngguò shōufāshì, shùnbiàn kànkan yǒuméiyǒu wǒ de xìnjiàn.
우편물 취급실을 지나는 김에 내 편지가 있는지 없는지 좀 봐 주세요.

你有空顺便过来一下。
Nǐ yǒukòng shùnbiàn guòlái yíxià.
시간 괜찮으면 겸사겸사 한번 오세요.

07 | 练习 연습

1 녹음을 듣고 녹음의 대화와 일치하는 그림을 선택하여 체크 해주세요.

❶ ☐

❷ ☐

2 다음 <보기>를 보고 질문에 해당되는 대답을 골라 대화를 완성하세요.

< 보기 >

A. 不管是功能还是价格，我觉得都不错。

B. 这部手机功能很多。

C. 这部手机的显示屏比之前的大。

D. 现在打7折，价格很便宜？

질문 ▶ 问：这部手机的性价比怎么样？

정답 ▶ _____

3 다음 주어진 단어를 순서에 맞게 배열하세요.

① 很多   手机   这款   的   功能

② 这款   了解   功能   我   手机的

③ 这   不错   性价比   部   手机的

④ 有空时   看看   帮   我   顺便

4 다음 밑줄 친 부분에 알맞은 내용을 채워 넣어 대화를 완성하세요.

| A. 说实话 | B. 除非…否则 | C. 顺便 |

① A: 你觉得这次的会议开得怎么样?
　 B: _____ 我认为还是比较成功的。

② A: 下班的时候, _____ 帮我买些菜回来。
　 B: 好的, 你想吃什么菜?

③ A: 你怎么还没决定?
　 B: _____ 父母同意, _____ 我是不会去的。

08 | 歇后语 헐후어

1

一二三五六 —— 没事(四)
yī èr sān wǔ liù - méi shì (sì)

'일 이 삼 오 육'라는 뜻으로 아라비아 숫자는 순서대로 나와야 하지만 여기서 단지 숫자 4가 빠졌습니다. 한자 四와 事는 발음이 유사하며 즉 일이 없다, 괜찮다라고 표현할 때 사용합니다.

2

一条腿的裤子 —— 成了群(裙)
yìtiáo tuǐ de kùzi - chéng le qún(qún)

'한 쪽 다리만 있는 바지'라는 뜻으로 원래 바지는 다리 부분이 두개가 있어야 하지만 한 쪽 다리만 있어서 치마가 되었다는 의미입니다. 한자 裙와 群는 발음이 유사하며 즉 무리를 이룬다는 상황을 표현할 때 사용합니다.

3

三毛加一毛 —— 时髦(四毛)
sānmáo jiā yìmáo - shímáo(sìmáo)

'3마오에 1마오를 더 하다'라는 뜻으로 3마오 더하기 1마오는 4마오입니다. 四毛와 时髦가 발음이 유사하며 즉 유행이다, 최신식이다를 표현할 때 사용합니다.

✅ 중국 청년들의 입대 열풍

중국도 원래는 한국처럼 의무복무제이나 평시에는 각 지역마다 할당 인원이 있어서 지원자를 우선 받고 부족한 경우에 징병을 실시하게 되어 있었습니다. 그러나 항상 지원자가 할당 인원을 월등히 초과하여 입대를 위한 경쟁이 치열합니다.

이는 최근 군의 현대화를 최대 목표로 삼은 중국이 고학력의 유능한 인재들의 입대를 유도하기 위하여 다양한 혜택을 제공하기 때문입니다. 그 예로 대학생 혹은 대졸자가 입대하면 학비를 면제받거나 환불받을 수 있을 뿐만 아니라, 제대 후에는 일자리 구하기가 쉬워지고 공산당 입당 자격이 주어지는 등 다양한 혜택이 있습니다. 여기에 최근의 취업난도 가세하여 나타난 현상입니다.

이처럼 최근에 대학 교육을 받은 엘리트들의 지원이 늘면서 중국 인민해방군은 현대화된 정보와 기술을 바탕으로 무장한 군사력 구축을 위해 전력을 다하고 있습니다. 입대한 젊은이들도 과학기술을 취득하는 새로운 기회로 군 생활을 이용하고 있습니다.

第9课

你听说过黑色星期五吗?
Nǐ tīngshuōguo hēisè xīngqīwǔ ma?
블랙 프라이데이를 아세요?

01 주요표현
- 쇼핑과 관련된 표현

02 주요어법
- '由于'
- '尽管…但是'
- '到底'
- '何必…呢'

01 | 准备 준비하기

单词 단어

☐ **美剧** měijù	몡 미국연속극 팬	
☐ **采购** cǎigòu	통 사들이다 / 구입하다	
☐ **商场** shāngchǎng	몡 백화점 / 시장 / 상가	
☐ **大量** dàliàng	몡 형 부 대량	
☐ **记录** jìlù	통 기록하다	
☐ **盈利** yínglì	몡 이익	
☐ **疯狂** fēngkuáng	형 미치다 / 실성하다	
☐ **利润** lìrùn	몡 이윤	
☐ **尽管** jǐnguǎn	비록(설령) …라 하더라도 / …에도 불구하고	
☐ **具体** jùtǐ	형 구체적이다	
☐ **当天** dāngtiān	몡 하늘 / 공중	
☐ **推出** tuīchū	통 (시장에 신상품이나 새로운 아이디어) 내놓다	
☐ **促销** cùxiāo	통 판매를 촉진시키다	
☐ **赤字** chìzì	몡 적자	
☐ **感恩节** Gǎn'ēn Jié	몡 추수 감사절	
☐ **抢购** qiǎnggòu	통 앞을 다투어 사다	
☐ **增** zēng	통 늘다 / 증가하다	
☐ **确实** quèshí	부 확실히 / 정말로	

팔선생 Tip

한국에서 이용하는 중국 해외직구 쇼핑몰은 크게 두 가지로 나눌 수 있습니다. 바로 타오바오(淘宝)와 알리익스프레스(AliExpress)입니다. 두 쇼핑물은 모두 알리바바 그룹에서 운영하는 쇼핑물이지만 두 쇼핑몰은 큰 차이가 있습니다. 타오바오는 중국 전 지역을, 알리익스프레스는 중국을 제외한 전 세계 각국을 대상으로 물건을 판매하다는 점입니다. 만약 한국에서 타오바오에서 직구하고 싶으면 배송대행지 서비스를 이용해야 구매가능합니다.

02 | 会话 회화

블랙 프라이데이에 관한 표현

金铉雅
Jīn xuànyǎ

你听说过黑色星期五吗?
Nǐ tīngshuōguo hēisè xīngqīwǔ ma?
블랙 프라이데이 들어본 적이 있어요?

李明
Lǐ míng

好像在美剧里看过, 但具体是什么就不清楚了。
Hǎoxiàng zài měijù lǐ kànguo, dàn jùtǐ shì shénme jiù bù qīngchǔ le.
미국 드라마에서 본 것 같아요, 하지만 구체적으로 어떤 건지 잘 모르겠어요.

金铉雅
Jīn xuànyǎ

黑色星期五是美国在圣诞节前的一次大采购活动。
当天一般美国商场会推出大量的打折优惠, 促销活动。
Hēisè xīngqīwǔ shì Měiguó zài Shèngdànjié qián de yícì dà cǎigòu huódòng. Dàngtiān yìbān měiguó shāngchǎng huì tuīchū dàliàng de dǎzhé yōuhuì, cùxiāo huódòng.
블랙 프라이데이는 미국에서 추수감사절 다음 날인 금요일로, 1년 중 가장 큰 폭의 세일시즌이 시작되는 날이에요. 당일 미국 백화점에서는 대량 할인 판촉 이벤트를 해요.

李明
Lǐ míng

那为什么叫黑色星期五呢?
Nà wèishénme jiào hēisè xīngqīwǔ ne?
그럼 왜 블랙 프라이데이라고 해요?

金铉雅
Jīn xuànyǎ

由于美国的商场一般用红笔记录赤字, 黑笔记录盈利,
感恩节后的这个星期五人们疯狂的抢购使得商场利润大增,
因此被商家们称作黑色星期五。
Yóuyú Měiguó de shāngchǎng yìbān yòng hóngbǐ jìlù chìzì, hēibǐ jìlù yínglì, Gǎn'ēnjié hòu de zhège xīngqīwǔ rénmen fēngkuáng de qiǎnggòu shǐdé shāngchǎng lìrùn dàzēng, yīncǐ bèi shāngjiāmen chēngzuò hēisè xīngqīwǔ.
미국 백화점에서는 일반적으로 빨간색 펜으로 적자를 기록하고, 검은색 펜으로 이익을 기록해요, 추수감사절 이후의 금요일은 사람들은 아주 많이 구매하여 백화점 이윤이 크게 증가해서, 상인들로 부터 블랙 프라이데이로 불렸대요.

 **李明** Lǐ míng
现在在国内，好多人都在国外的网站上直接购物买，你也买过吗？
Xiànzài zài guónèi, hǎo duō rén dōu zài guówài de wǎngzhàn shàng zhíjiē gòumǎi, nǐ yě mǎiguo ma?
지금 국내에서 많은 사람들은 외국 웹사이트에서 직접 구매를 해요, 현아씨도 사봤어요?

 **金铉雅** Jīn xuànyǎ
买过两次。尽管到货时间比较长，不过价格确实便宜。
Mǎiguo liǎngcì. Jǐnguǎn dàohuò shíjiān bǐjiào cháng, búguò jiàgé quèshí piányi.
두 번 정도 산 적이 있어요. 비록 물건 받는 시간은 좀 걸리지만 확실히 가격은 저렴해요.

 **李明** Lǐ míng
那我也赶紧上网看看。
Nà wǒ yě gǎnjǐn shàngwǎng kànkan.
그럼 나도 얼른 인터넷 접속해 봐야겠어요.

★ 当天 발음은 [dàngtiān]와 [dāngtiān] 두 개가 있습니다.
[dàngtiān]으로 읽을 때는 '같은날, 당일'이라는 의미로 사용할 때 쓰입니다.
[dāngtiān]으로 읽을 때는 '하늘, 공중'라는 의미로 사용할 때 쓰입니다.

예) 当天可以打来回。[Dàngtiān kěyǐ dǎ lái huí.]
당일에 돌아올 수 있습니다.

月亮已经升到了当天。[Yuèliàng yǐjīng shēng dào le dāngtiān.]
달은 벌써 하늘에 떴습니다.

说一说　블랙 프라이데이에 구매 경험이 있는지, 있다면 어떤 것을 구매했지에 대해 이야기 해보세요.

03 | 准备 준비하기

单词 단어

电视购물 diànshì gòuwù	명 텔레비전 홈 쇼핑	产品 chǎnpǐn	명 산물 / 제품
然后 ránhòu	접 연후에 / 그러한 후에 / 그리고 나서	订购 dìnggòu	동 주문하여 구입하다
拆封 chāifēng	동 개봉하다	扔 rēng	동 내버리다 / 포기하다
凉台 liángtái	명 베란다 / 테라스	到底 dàodǐ	부 도대체
何必 hébì	부 구태여 (하필) …할 필요가 있는가	激动 jīdòng	동 감격하다 / 감동하다 / 흥분하다
退休 tuìxiū	명 퇴직 동 퇴직하다	无聊 wúliáo	형 무료하다 / 지루하다 / 심심하다
体谅 tǐliàng	동 (다른 사람의 입장에서) 알아주다 / 이해하다	睡懒觉 shuì lǎnjiào	늦잠을 자다

팔선생 Tip

1990년대에 홈쇼핑은 중국에서 황금기를 누렸습니다. 하지만 관리감독 부실로 인한 기형적 발전이 소비자들의 신뢰를 무너뜨리며 2000년 전후로 침체기에 빠져들게 되었습니다. 2003년 타오바오로 인해 중국은 전자상거래 시대로 들어섰습니다. 그러나 홈쇼핑은 이런 타격에도 불구하고 CJ오쇼핑과 함께 합작하며 다시 상승세를 이어가고 있습니다. 2016년에 통계에 따르면 홈쇼핑 회원수는 7500만명을 돌파하였고, 10%이상 성장하였습니다.

04 | 会话 회화

홈쇼핑에 관한 표현

李明
Lǐ míng

我妈又买电视购物上的产品了。
Wǒmā yòu mǎi diànshì gòuwù shang de chǎnpǐn le.
저희 엄마는 또 홈쇼핑 제품을 구매했어요.

金铉雅
Jīn xuànyǎ

阿姨也很喜欢看电视购物啊?
Āyí yě hěn xǐhuān kàn diànshì gòuwù a?
아주머니도 홈쇼핑 보는 걸 좋아해요?

李明
Lǐ míng

是啊,我妈是一有空就看,然后有用的没用的,她都买。
Shì a, wǒmā shì yì yǒukōng jiù kàn, ránhòu yǒuyòng de méiyòng de, tā dōu mǎi.
네, 저희 엄마는 시간만 있으면 홈쇼핑을 봐요,
그리고 필요한 것 필요하지 않은 것 구분없이 다 사요.

金铉雅
Jīn xuànyǎ

我妈在家也总看,看完就打电话订购。
Wǒmā zài jiā yě zǒng kàn, kànwán jiù dǎ diànhuà dìnggòu.
저희 엄마도 집에서 항상 홈쇼핑을 보고 전화해서 구매해요.

李明
Lǐ míng

问题是很多她都没拆封,就扔到凉台。
到底买了多少,最后连她自己也不清楚。
Wèntí shì hěn duō tā dōu méi chāifēng, jiù rēngdào liángtái.
Dàodǐ mǎi le duōshǎo, zuìhòu lián tā zìjǐ yě bù qīngchǔ.
문제는 포장도 뜯지 않았는데, 베란다에 버려져 있어요.
도대체 얼마나 많이 사셨는지 나중에는 본인이 산 것도 기억 못 하세요.

金铉雅
Jīn xuànyǎ

你何必这么激动呢？我看阿姨是退休在家，无聊才会看电视购物。我们做儿女的，平时应该多关心多体谅他们才对。

Nǐ hébì zhème jīdòng ne? Wǒ kàn āyí shì tuìxiū zài jiā, wúliáo cái huì kàn diànshì gòuwù. Wǒmen zuò ér'nǚ de, píngshí yīnggāi duō guānxīn duō tǐliàng tāmen cái duì.

이렇게 흥분할 필요가 있어요? 내가 보기에는 아주머니는 퇴직하고 집에서 무료하니까 홈쇼핑을 보시는 것 같아요. 우리는 자식으로서 평소에 많은 배려를 해야 해요.

李明
Lǐ míng

我也知道，不过平时工作忙，回家的时候他们已经睡着了。周末我又睡懒觉，聊天的时间真不多。

Wǒ yě zhīdào, búguò píngshí gōngzuò máng, huíjiā de shíhou tāmen yǐjīng shuìzháo le. Zhōumò wǒ yòu shuì lǎnjiào, liáotiān de shíjiān zhēn bù duō.

나도 알고 있어요, 하지만 평소 일이 바쁘다 보니 귀가할 때는 그들은 이미 주무세요. 주말에 나는 늦잠을 자느라 이야기할 시간이 정말 적어요.

金铉雅
Jīn xuànyǎ

你让阿姨多参加一些老年人的活动，这样对身心健康都好。

Nǐ ràng āyí duō cānjiā yìxiē lǎoniánrén de huódòng, zhèyàng duì shēnxīn jiànkāng dōu hǎo.

이모한테 노인 활동을 많이 참석하시라고 하세요, 그러면 몸과 마음 건강에 다 좋아요.

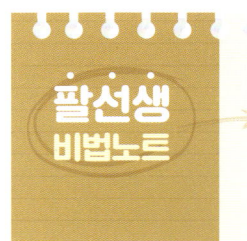

★ 才는 기본적으로 부사로 '…에야, …에야 비로소'라는 의미로 사용됩니다. 그러나 본문 '平时应该多关心多体谅他们才对' 문장에서 才는 강조의 의미로 나타낼 때 사용되었습니다.

说一说　홈쇼핑 물건에 장단점은 무엇인지 이야기해보세요.

05 | 关键表达 패턴

1 하도록 하다를 나타내는 使의 활용

这个星期五人们疯狂的抢购 Zhège xīngqīwǔ rénmen fēngkuáng de qiǎnggòu	**使**得商场利润大增。 shǐdé shāngchǎng lìrùn dàzēng.
听了妈妈的话　Tīng le māma de huà	**使**我非常感动。shǐwǒ fēicháng gǎndòng.
经理的鼓励　Jīnglǐ de gǔlì	**使**大家更加努力。shǐdàjiā gèng jiā nǔlì.
这件事　Zhèjiàn shì	**使**我很生气。shǐwǒ hěn shēngqì.

2 확실히를 나타내는 确实의 활용

不过价格　Búguò jiàgé		便宜。piányi.
这部作品　Zhèbù zuòpǐn	**确实** quèshí	不错。búcuò.
这道题　Zhèdào tí		有点儿难。yǒudiǎnr nán.
他　Tā		有很大进步。yǒu hěn dà jìnbù.

3 도대체를 나타내는 到底의 활용

	买了多少, 最后连她自己也不清楚。 mǎi le duōshǎo, zuìhòu lián tā zìjǐ yě bù qīngchǔ.
到底 Dàodǐ	怎么想, 我也不知道。zěnme xiǎng, wǒ yě bù zhīdào.
	有多大能力? yǒu duō dà nénglì?
	是不是这个问题? shìbúshì zhège wèntí?

4 마땅히 해야 하다를 나타내는 应该의 활용

平时　Píngshí		多关心多体谅他们才对。 duō guānxīn duō tǐliàng tāmen cái duì.
我们　Wǒmen	**应该** yīnggāi	保护环境。bǎohù huánjìng.
你　Nǐ		为这件事负责。wèi zhèjiàn shì fùzé.
你　Nǐ		勇敢地说出来。yǒnggǎn de shuōchūlái.

06 | 语法 어법

1 由于

▶ 由于는 접속사로 '~때문에, ~의하여'라는 의미로 원인을 나타낼 때 사용하며 因为의 용법과 같습니다. 다만 由于는 문어체로 所以, 因此와 더불어 함께 사용합니다.

由于工作忙，所以一直没去看望他。
Yóuyú gōngzuò máng, suǒyǐ yìzhí méi qù kànwàng tā.
일이 바빠서, 줄곧 그를 찾아뵙지 못했습니다.

由于家里有事, 他请了七天假。
Yóuyú jiā lǐ yǒu shì, tā qǐng le qītiān jià.
집에 일이 생겨서 그는 7일간 휴가를 냈어요.

由于天气原因, 飞机晚了5个小时。
Yóuyú tiānqì yuányīn, fēijī wǎn le wǔge xiǎoshí.
날씨 때문에 비행기는 5시간 늦었어요.

2 尽管…但是

▶ 尽管…但是는 접속사로 '비록 …라 하더라도, 그러나…'라는 의미로 虽然…但是와 의미는 동일합니다. 또한 不过, 却, 可是와 호응해서 쓰입니다.

尽管到货时间比较长, 不过价格确实便宜。
Jǐnguǎn dàohuò shíjiān bǐjiào cháng, búguò jiàgé quèshí biànyi.
비록 물건 도착 시간은 길지만, 가격은 확실히 저렴해요.

尽管他学历不高, 但是他的水平并不低。
Jǐnguǎn tā xuélì bùgāo, dànshì tā de shuǐpíng bìng bù dī.
학력은 높지 않지만, 결코 그의 수준은 낮지 않습니다.

尽管孩子还很小, 可是她不得不去上班。
Jǐnguǎn háizi hái hěn xiǎo, kěshì tā bùdébù qù shàngbān.
비록 아이는 아직 어리지만, 그녀는 출근을 안 하면 안 돼요.

3 到底

▶ 到底는 '도대체'라는 의미로 평서문, 의문문 모두 사용 가능합니다.

到底买了多少，最后连她自己也不清楚。
Dàodǐ mǎi le duōshǎo, zuìhòu lián tā zìjǐ yě bù qīngchǔ.
도대체 얼마나 사는지 나중에 본인도 몰라요.

你到底明不明白我的意思。
Nǐ dàodǐ míng bù míngbai wǒ de yìsi.
도대체 내 말을 이해했어요, 이해 못 했어요?

你到底同不同意我的意见？
Nǐ dàodǐ tóng bù tóngyì wǒ de yìjiàn?
당신은 도대체 내 의견을 동의해요, 동의하지 않아요?

4 何必…呢

▶ 何必…呢는 '구태여 ~할 필요가 있는가'라는 의미로 반문 형식으로 '~할 필요가 없다'라는 뜻을 나타냅니다.

你何必这么激动呢？
Nǐ hébì zhème jīdòng ne?
이렇게 흥분할 필요가 있어요?

有事你就说事，何必生这么大的气呢？
Yǒu shì nǐ jiù shuō shì, hébì shēng zhème dà de qì ne?
일이 있으면 일을 말씀하세요, 이렇게 화를 낼 필요가 있어요?

你这又何必呢？有点耐心，慢慢来。
Nǐ zhè yòu hébì ne? Yǒudiǎn nàixīn, mànman lái.
당신은 이럴 필요 있어요? 인내심을 가지고 천천히 하세요.

07 | 练习 연습

1 녹음을 듣고 녹음의 대화와 일치하는 그림을 선택하여 체크 해주세요.

❶ ☐

❷ ☐

2 다음 <보기>를 보고 질문에 해당되는 대답을 골라 대화를 완성하세요.

< 보기 >

A. 电视购物的产品比较便宜。

B. 她常常上网购物买东西。

C. 是啊，她一有空就看电视购物。

D. 你应该多关心多体谅你妈妈。

질문 问：你妈妈也喜欢电视购物吗？

정답 _____

3 다음 주어진 단어를 순서에 맞게 배열하세요.

❶ 在   里   好像   看过   美剧

_____

❷ 价格   便宜   确实   不过   挺

_____

❸ 订购   看   打电话   就   完

_____

❹ 最后   自己   连   不清楚   也

_____

4 다음 밑줄 친 부분에 알맞은 내용을 채워 넣어 대화를 완성하세요.

> A. 尽管   B. 确实   C. 到底

❶ A: 这幅画画得真好。
　 B: 是啊，_____是一部不错的作品。

❷ A: 身体不舒服就休息一天吧。
　 B: _____身体不舒服，但是我还有很多工作要做。

❸ A: 你_____还来不来了？
　 B: 真不好意思，我马上就到。

08 | 歇后语 헐후어

1

下雨天不打伞 ── 吝啬(淋湿)
xiàyǔ tiān bù dǎsǎn - lìnsè(línshī)

'비 오는 날 우산을 들지 않는다'라는 뜻으로 비 오는 날에 우산을 쓰지 않으면 몸이 흠뻑 젖는다라는 의미입니다. 淋湿와 吝啬 발음이 유사하며 즉 매우 인색하다를 비유할 때 사용합니다.

2

下雨天出太阳 ── 假情(晴)
xiàyǔ tiān chū tàiyáng - jiǎqíng(qíng)

'비가 오는 데 해가 떴다'라는 뜻으로 비가 오는 날에는 해가 뜰 리가 없으니 가짜로 맑다라는 의미입니다. 한자 晴와 情이 발음이 같으며 즉 가식적인 감정을 비유할 때 사용합니다.

3

山沟里敲鼓 ── 回想(响)
shāngōu lǐ qiāogǔ - huíxiǎng(xiǎng)

'산골에서 북을 치다'라는 뜻으로 산골에서 북을 울리면 당연히 소리가 울리며 메아리가 생깁니다. 回响과 回想는 발음이 같으며 즉 회상하다를 표현할 때 사용합니다.

✓ 중국의 온라인 쇼핑은 착불제

현재 중국은 인터넷 이용자수가 큰 폭으로 증가하고 있으며 네티즌 수가 세계에서 가장 많은 나라 중 하나입니다. 이러한 인터넷 사용의 확대에 따라서 온라인 쇼핑 시장이 빠른 속도로 성장하고 있습니다.

한국에서 온라인 쇼핑을 할 경우, 대부분 신용카드 결제나 계좌이체를 하고 있지만 중국의 온라인 쇼핑 시장은 COD(Cash On Delivery) 방식, 인터넷 쇼핑 사장에서 구매한 물품 대금을 택배원에게 지급하는 방식을 취하고 있습니다. 이는 금융 사기를 우려해 평소 신용카드보다 현금 거래를 중시하는 중국인들의 습관 때문입니다. 인터넷 쇼핑 착불제는 인터넷 쇼핑을 하는 소비자들로 하여금 인터넷 사기 행위의 위험을 낮추고 소비자들로 하여금 대담하게 온라인에서 소비할 수 있도록 향상시켰습니다.

또한 인터넷 쇼핑 착불제는 더욱 간결하고 편리해질 것입니다. 왜냐하면 온라인 쇼핑을 하려면 회원 가입을 하고 온라인 결제를 설치해야 합니다. 그러나 전자상거래를 잘 모르는 노년층은 온라인 쇼핑을 활용하기 어려운 점이 있습니다. 그러므로 이분들에게 온라인 쇼핑 착불제를 시행함으로써 사용이 간편해졌습니다.

第10课

他们还有国际快递业务啊?
Tāmen háiyǒu guójì kuàidì yèwù a?

국제 택배도 해요?

01 　　• 택배와 관련된 표현

02 　　• '够…的'
　　　　　　　• '万一'
　　　　　　　• '按照'
　　　　　　　• '假如'

01 | 准备 준비하기

单词 단어

抱 bào	동 안다 / 포옹하다
寄 jì	동 (우편으로) 부치다 / 보내다 / 우송하다
快递 kuàidì	명 택배
服务 fúwù	동 봉사하다 / 서비스하다
国际 guójì	명 국제
包办 bāobàn	동 도맡아 하다
万一 wànyī	접 만일 / 만약
赔偿 péicháng	명 배상 / 동 배상하다
严格 yángé	형 엄격하다
箱子 xiāngzi	명 상자 / 궤짝 / 트렁크
重 zhòng	형 무겁다
上门 shàngmén	동 (남의 집을) 방문하다
国内 guónèi	명 국내
业务 yèwù	명 업무 / 실무
邮件 yóujiàn	명 우편물
丢失 diūshī	동 분실하다 / 잃어버리다
制度 zhìdù	명 제도 / 규정

팔선생 Tip

중국의 택배시장은 순펑(顺丰), 중퉁(中通), 윈다(韵达), 선퉁(申通), 위안퉁(圆通), 바이스(百世), 더방(德邦) 등 7개의 대기업이 경쟁하는 구도로 형성되어 있습니다. 중국 택배 물류업은 현재 '1+7+N'모델을 구축했고 당일배송, 익일배송, 격일배송, 예약배송, 시간제한배송 등의 다양한 서비스가 제공되고 있습니다. 여기에서 1은 알리바바와 차이냐오(菜鸟)가 협력해서 구축한 핵심물류 네트워크로 '물류 브레인(두뇌)'을 의미하며, 7은 중퉁(中通) 등 7개의 운송 및 배송을 담당하는 택배업계 선두업체를 가리킵니다. 또 N은 창고업, 뤄디페이(落地配), 즉시물류(即时物流), 물류과학기술기업 등을 포함한 전반 택배업계 생태계를 지칭합니다.

146 第10课 | 他们还有国际快递业务啊? Tāmen háiyǒu guójì kuàidì yèwù a? 국제 택배도 해요?

02 | 会话 회화

택배 배송 표현1

李明
Lǐ míng

你抱着这么大的箱子去哪儿啊？我帮你拿吧。
Nǐ bàozhe zhème dà de xiāngzi qù nǎr a? Wǒ bāng nǐ ná ba.
이렇게 큰 상자를 들고 어디 가세요? 내가 도와줄게요.

金铉雅
Jīn xuànyǎ

这是我帮我父母买的一些东西，想去邮局寄过去。
Zhè shì wǒ bāng wǒ fùmǔ mǎi de yìxiē dōngxi, xiǎng qù yóujú jì guòqù.
이것은 내가 우리 부모님 대신 산 물건들이에요, 우체국에 가서 부치려고요.

李明
Lǐ míng

**这箱子够重的，你怎么不用快递公司呢？
打个电话，他们就上门服务了。**
Zhè xiāngzi gòu zhòng de, nǐ zěnme búyòng kuàidì gōngsī ne?
Dǎ ge diànhuà, tāmen jiù shàngmén fúwù le.
이 상자 꽤 무겁네요, 왜 택배사를 이용하지 않아요?
전화 한 통이면 바로 방문해서 서비스 해주는데요.

金铉雅
Jīn xuànyǎ

**快递公司不是只送国内快递吗？
他们还有国际快递业务啊？**
Kuàidì gōngsī búshì zhǐ sòng guónèi kuàidì ma?
Tāmen háiyǒu guójì kuàidì yèwù a?
택배사는 국내만 택배 배송하는 거 아닌가요? 국제 택배도 해요?

李明
Lǐ míng

现在快递公司包办各种国内国际的邮件，很方便。
Xiànzài kuàidì gōngsī bāobàn gèzhǒng guónèi guójì de yóujiàn, hěn fāngbiàn.
현재 택배사는 각종 국내·국제 우편물을 도맡아 취급하고 있어요, 매우 편리해요.

金铉雅
Jīn xuànyǎ

那万一丢失，他们会赔偿吗？
Nà wànyī diūshī, tāmen huì péicháng ma?
만약 분실하면 배상해주나요?

李明
Lǐ míng

这个你不用担心，他们的制度很严格。
Zhège nǐ búyòng dānxīn, tāmen de zhìdù hěn yángé.
그건 걱정하지 않아도 돼요, 그들은 매우 엄격한 제도가 있어요.

金铉雅
Jīn xuànyǎ

行，我这就给他们打电话。
Xíng, wǒ zhè jiù gěi tāmen dǎ diànhuà.
알겠어요, 지금 바로 전화해볼게요.

★ 본문에서 这就[zhè jiù]는 '지금 바로'라는 의미로 사용됩니다. 부사 马上와 의미 같습니다. 다만 这就 같은 경우 주로 구어체에만 사용되며 马上은 문어체로 사용됩니다.

说一说 자주 이용하는 택배사에 대해 이야기해보고, 왜 그 택배사를 이용하는지에 대해 이야기 해보세요.

03 | 准备 준비하기

单词 단어

- 包裹 bāoguǒ — 몡 소포 / 보따리
- 海运 hǎiyùn — 몡 해운
- 规定 guīdìng — 동 규정하다 / 정하다
- 填 tián — 동 채우다
- 邮费 yóufèi — 몡 우편 / 요금
- 标准 biāozhǔn — 몡 표준 / 기준표준 / 규격
- 现象 xiànxiàng — 몡 현상
- 假如 jiǎrú — 접 만약 / 만일
- 空运 kōngyùn — 몡 공수 / 공운
- 按照 ànzhào — 개 …에 비추어 / …에 따라
- 工作日 gōngzuòrì — 몡 작업일
- 表格 biǎogé — 몡 표 / 도표
- 收费 shōufèi — 동 비용을 받다
- 公斤 gōngjīn — 양 킬로그램
- 双倍 shuāngbèi — 몡 두배
- 正好 zhènghǎo — 형 꼭 알맞다

팔선생 Tip

전자상거래의 급속한 발전은 중국 물류 산업의 성장을 촉진하고 있습니다. 더 빠른 배송으로 경쟁력을 키우기 위해 중국 물류 업체들은 앞 다퉈 화물전용 항공기를 구매하고 있습니다. 항공운송은 곧 '빠른 배송'을 상징하기 때문입니다. 통계에 따르면 2018년 8월 기준 중국 항공회사의 화물수송기 수량은 대략 225기 정도입니다. 그 중 대륙 항공회사가 보유한 화물운송기가 164기, 홍콩·마카오·타이완 항공회사가 보유한 화물운송기가 61기입니다.

04 | 会话 회화

택배 배송 표현2

金铉雅 Jīn xuànyǎ

我想把这个包裹寄到韩国。大概需要多长时间?
Wǒ xiǎng bǎ zhège bāoguǒ jìdào Hánguó.
Dàgài xūyào duō cháng shíjiān?
이 소포 한국에 부치고 싶어요. 대략 얼마 동안 걸려요?

营业员 Yíng yè yuán

您是空运还是海运?
Nín shì kōngyùn háishì hǎiyùn?
항공편이에요 아니면 선박편이세요?

金铉雅 Jīn xuànyǎ

还是空运吧, 这样快一些。
Háishì kōngyùn ba, zhèyàng kuài yìxiē.
좀 빨리 도착할 수 있게 항공편으로 할게요.

营业员 Yíng yè yuán

按照我们公司的规定, 空运大概需要4个工作日。请您填一下这张表格。
Ànzhào wǒmen gōngsī de guīdìng, kōngyùn dàgài xūyào sìge gōngzuòrì. Qǐng nín tián yíxià zhèzhāng biǎogé.
우리 회사 규정에 따르면 항공편은 4일이 소요됩니다. 이 표를 작성해 주세요.

金铉雅 Jīn xuànyǎ

邮费大概是多少钱?
Yóufèi dàgài shì duōshǎo qián?
비용은 얼마예요?

营业员 Yíng yè yuán

我们的收费标准是一公斤40元。
Wǒmen de shōufèi biāozhǔn shì yì gōngjīn sìshí yuán.
요금 기준은 킬로당 40위엔이에요.

第10课 | 他们还有国际快递业务啊? Tāmen háiyǒu guójì kuàidì yèwù a? 국제 택배도 해요?

金铉雅
Jīn xuànyǎ

不会出现丢失现象吧?
Bú huì chūxiàn diūshī xiànxiàng ba?
분실 현상은 없겠죠?

营业员
Yíng yè yuán

请您放心。假如丢失, 我们会双倍赔偿。
您的包裹正好5公斤, 200元。
Qǐng nín fàngxīn. Jiǎrú diūshī, wǒmen huì shuāngbèi péicháng.
Nín de bāoguǒ zhènghǎo wǔ gōngjīn, èrbǎi yuán.
걱정 마세요. 만약 분실하면 저희는 두 배로 배상해드려요.
소포는 마침 5킬로그램이에요. 200위엔이에요.

★ 一些[yìxiē]와 一点儿[yìdiǎnr]는 모두 '조금'이라는 의미로 사용됩니다. 다만 두 단어는 다소 차이가 있습니다. 一些는 一点儿보다 양이 상대적으로 좀 더 많습니다.
즉, 一些, 一点儿 또한 중국어에서는 셀 수 있는 양사와 셀 수 없는 양사의 수식어가 구분되지 않습니다.

说一说   사용해봤던 소포는 여러 방식 중 어떤 방식이였는지 이야기 해보세요.

05 | 关键表达 패턴

1 도맡아 하다를 나타내는 包办의 활용

快递公司 Kuàidì gōngsī		国内国际的邮件。 guónèi guójì de yóujiàn.
这家旅行社 Zhèjiā lǚxíngshè	包办各种 bāobàn gèzhǒng	国内外旅行项目。 guó nèiwài lǚxíng xiàngmù.
这家饭店 Zhèjiā fàndiàn		各种酒席。 gèzhǒng jiǔxí.
这家公司 Zhèjiā gōngsī		文艺活动。 wényì huódòng.

2 ~에 따라를 나타내는 按照의 활용

按照我们公司的规定， Ànzhào wǒmen gōngsī de guīdìng,	空运大概需要4个工作日。 kōngyùn dàgài xūyào sìge gōngzuòrì. 早上8点上班。 zǎoshang bā diǎn shàngbān. 休假三天，必须提前申请。 xiūjià sāntiān, bìxū tíqián shēnqǐng. 工作时间不能接听个人电话。 gōngzuò shíjiān bù néng jiētīng gèrén diànhuà.

3 바로를 나타내는 这就의 활용

我这就 Wǒ zhèjiù	给他们打电话。 gěi tāmen dǎ diànhuà. 出发。 chūfā. 给你转钱。 gěi nǐ zhuǎnqián. 去买。 qù mǎi.

4 만약을 나타내는 假如의 활용

假如 Jiǎrú	丢失，我们会双倍赔偿。 diūshī, wǒmen huì shuāngbèi péicháng. 你不能来，就提前通知我。 nǐ bù néng lái, jiù tíqián tōngzhī wǒ. 他不同意，那可怎么办呢。 tā bù tóngyì, nà kě zěnmebàn ne. 每天都能这么幸福该多好啊。 měitiān dōu néng zhème xìngfú gāi duō hǎo a.

06 | 语法 어법

1 够…的

▶ 够…的 는 '꽤 …하다'라는 의미로 대체로 '够+형용사+的/了' 형식으로 사용됩니다.

这箱子够重的, 你怎么不用快递公司呢?
Zhè xiāngzi gòu zhòng de, nǐ zěnme búyòng kuàidì gōngsī ne?
이 상자 꽤 무겁네요, 왜 택배사를 이용하지 않아요?

你最近够忙的, 见你一面真难。
Nǐ zuìjìn gòu máng de, jiàn nǐ yímiàn zhēn nán.
요즘 정말 바쁘시네요, 한 번 만나기 정말 힘들어요.

我觉得还不够辣, 可以再辣一点儿。
Wǒ juéde hái bú gòu là, kěyǐ zài là yìdiǎnr.
내 생각에는 아직도 덜 매워요, 더 매워도 괜찮아요.

2 万一

▶ 万一는 접속사로 '만일, 만약, 만에 하나(라도)'라는 의미로 아주 약은 가능성의 가설을 표현할 때 사용합니다.

那万一丢失, 他们会赔偿吗?
Nà wànyī diūshī, tāmen huì péicháng ma?
만약 분실하면 배상해주나요?

不怕一万, 只怕万一。
Bú pà yíwàn, zhǐ pà wànyī.
만일에 대비하세요.

万一有事, 赶紧回来。
Wànyī yǒu shì, gǎnjǐn huílái.
만일 문제가 생기면 재빨리 돌아오세요.

3 按照

▶ 按照는 동사로 '~에 근거하여'라는 의미로 어떤 결론에 대한 구체적인 전제조건을 나타낼 때 사용합니다.

按照我们公司的规定，空运大概需要4个工作日。
Ànzhào wǒmen gōngsī de guīdìng, kōngyùn dàgài xūyào sìge gōngzuòrì.
우리 회사 규정에 따르면, 항공편은 4일이 소요됩니다.

按照传统，中国人会在春节吃饺子或者年糕。
Ànzhào chuántǒng, Zhōngguó rén huì zài Chūnjié chī jiǎozi huòzhě niángāo.
전통을 따르면, 중국인들은 설날에 만두나 떡을 먹어요.

按照约定，我们应该准时参加这次会议。
Ànzhào yuēdìng, wǒmen yīnggāi zhǔnshí cānjiā zhècì huìyì.
약속대로 우리는 정시에 이번 회의에 참석해야 해요.

4 假如

▶ 假如는 '만약에'라는 의미로 가정문에 쓰여 주로 문어체에 사용됩니다. 용법은 가정을 나타내는 如果/要是…的话와 같습니다.

假如丢失，我们会双倍赔偿。
Jiǎrú diūshī, wǒmen huì shuāngbèi péicháng.
만약 분실하면, 저희는 두배로 배상해드려요.

假如他得的是流行性感冒，就得马上去医院治疗。
Jiǎrú tā dé de shì liúxíngxìng gǎnmào, jiù děi mǎshàng qù yīyuàn zhìliáo.
만약 독감에 걸리면, 즉시 병원가서 치료해야 해요.

假如你这次选择放弃，以后就很难再有机会了。
Jiǎrú nǐ zhècì xuǎnzé fàngqì, yǐhòu jiù hěn nán zài yǒu jīhuì le.
만약 당신이 이번에 포기한다면, 이후에 다시는 기회가 없을 거예요.

07 | 练习 연습

1 녹음을 듣고 녹음의 대화와 일치하는 그림을 선택하여 체크 해주세요.

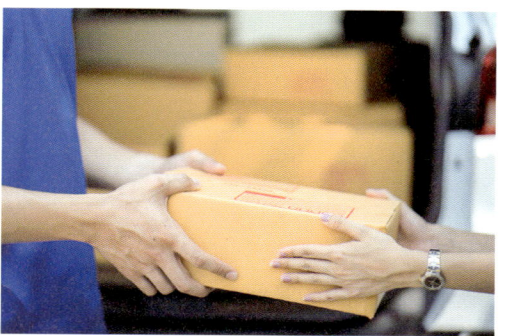

❶ ☐   ❷ ☐

2 다음 <보기>를 보고 질문에 해당되는 대답을 골라 대화를 완성하세요.

< 보기 >

A. 我们的收费标准是一公斤40元。

B. 不好意思, 现在我们只发国内快递。

C. 国际快递需要4个工作日。

D. 海运比空运慢一些。

질문 ▶ 问：你们快递公司可以发国际快递吗？

정답 ▶ _____

3 다음 주어진 단어를 순서에 맞게 배열하세요.

❶ 快递公司　　邮件　　包办　　国内外的　　各种

❷ 还有　　等　　项目　　国际快递　　快递公司

❸ 4个　　空运　　大概　　工作日　　需要

❹ 不会　　吧　　出现　　现象　　丢失

4 다음 밑줄 친 부분에 알맞은 내용을 채워 넣어 대화를 완성하세요.

| A. 万一　　　　B. 按照　　　　C. 假如 |

❶ A: _____ 我能像鸟一样能飞就好了。
　 B: 你又在白日做梦啦。

❷ A: _____ 说明书上的方法做吧。
　 B: 我也想，可是我看不懂怎么办啊？

❸ A: 你还是带一把雨伞吧，_____ 下雨呢。
　 B: 好的，那就带一把小的吧。

08 | 歇后语 헐후어

1

刀子切元宵 —— 不愿(圆)
dāozi qiē yuánxiāo - bú yuàn(yuán)

'칼로 위안샤오를 썰다'라는 뜻으로 둥글 모양의 위안샤오를 썰면 모양은 둥글지 않게 된다는 의미입니다. 한자 圓와 愿는 발음이 유사하며 즉 어떤 일에 있어서 원하지 않다를 표현할 때 사용합니다.

2

哑巴吃黄连 —— 有苦说不出
yǎbā chī huánglián - yǒu kǔ shuōbùchū

'벙어리가 황련을 먹다'라는 뜻으로 벙어리는 쓴 황련을 먹더라도 말할 수 없다는 의미로 고충이 있지만 말하지 못한다를 비유할 때 사용합니다.

3

老鼠上街 —— 人人喊打
lǎoshǔ shàng jiē - rén rén hǎn dǎ

'쥐가 길을 건너다'라는 뜻으로 사람들은 쥐가 길에 있는 것을 보면 당연히 때려잡으려고 소리친다는 의미로 못된 사람이나 나쁜 일은 모든 사람들이 다 미워한다를 비유할 때 사용합니다.

✓ 강주아오 대교(港珠澳大桥)

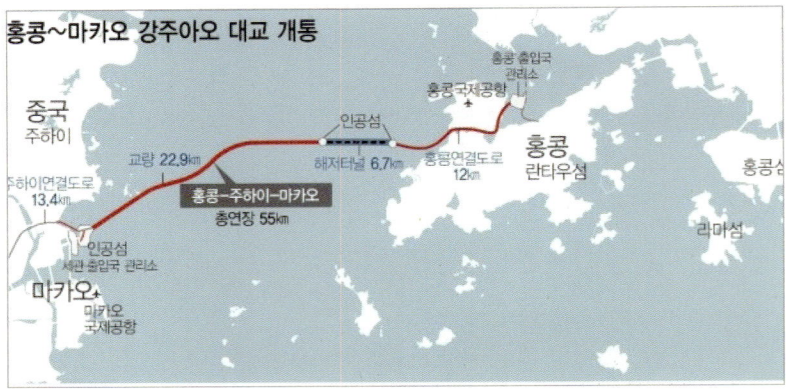

홍콩과 마카오, 중국 광둥성(广东省) 주하이(珠海)를 연결하는 세계 최장의 해상대교입니다. 양방향 6차선 도로로 전체 길이는 55km에 달하며 너비는 33.1m, 높이는 5.1m 규모입니다. 2009년 12월 15일 착공에 들어갔으며 2018년 10월 23일 개통식이 열렸고 24일부터 공식 개통됐습니다. 통행료는 소형차 기준 150위안(약 2만 4540원)입니다. 이 대교에서는 자동차 최고 주행속도가 시속 100km로 제한되며, 교통 혼잡을 막기 위해 홍콩과 마카오 차량 1만 대, 중국 본토 차량 1000대 등 총 1만 1000대로 통행 차량을 제한합니다. 대신 시민들이나 여행객들은 24시간 운영하는 HZM 버스를 타고 홍콩이나 마카오 국경 간을 오갈 수 있습니다. 다만 이 버스는 시내에 들어가지는 않습니다.

강주아오 대교는 120년 동안 사용할 수 있도록 설계됐으며 16급 태풍(초속 56.1m), 규모 8.0의 지진을 견딜 수 있습니다. 강주아오 대교를 이용하면 주하이와 홍콩 간 자동차 소요시간이 3시간에서 30분으로 단축돼 지리적, 경제적 통합이 이뤄질 전망입니다. 중국은 이 대교를 통해 홍콩, 마카오, 광둥성 9개 도시를 첨단기술 중심 단일 경제권, 즉 미국의 실리콘밸리처럼 육성할 계획입니다.

복 습

복습내용

第6课 ~ 第10课

1 질문을 듣고, 다음 그림을 보고 답을 해보세요.

그들은 친구가 소개시켜줘서 알게 된 사이예요.

그는 수영 동아리활동을 해요.

이 핸드폰은 기능이 정말 많아요.

엄마는 홈쇼핑에서 물건 사는 것을 좋아해요.

비교적 저렴한 해운 배송으로 할게요.

2 밑줄 친 부분과 같은 의미의 단어를 찾아 보세요.

❶ <u>尽管</u>谈恋爱是两个人的事，但是婚姻是家庭和家庭的结合。（　　）

　　A. 因为　　　B. 虽然　　　C. 不但　　　D. 如果

❷ 没办法拒绝，<u>只好</u>陪他一起参加。（　　）

　　A. 只是　　　B. 只顾　　　C. 不得不　　　D. 只要

❸ 除非给她买手机，<u>否则</u>天天在家缠着她妈。（　　）

　　A. 只有　　　B. 才　　　C. 已经　　　D. 要不

❹ <u>由于</u>双十一活动，购物的人很多。（　　）

　　A. 因此　　　B. 因为　　　C. 就算　　　D. 即使

❺ 那<u>万一</u>丢失，他们会赔偿吗？（　　）

　　A. 如果　　　B. 由于　　　C. 只要　　　D. 尽管

3 괄호 안의 단어가 들어갈 알맞은 위치를 찾아 보세요.

❶ (亲自)

ⓐ 父母们为了给 ⓑ 自己的子女 ⓒ 找到合适的对象, ⓓ 去挑选。

❷ (随着)

ⓐ 时代发展, ⓑ 我们也要 ⓒ 掌握 ⓓ 更多的技能。

❸ (顺便)

ⓐ 哪天你有时间 ⓑ 逛中关村, ⓒ 帮 ⓓ 我看看。

❹ (何必)

ⓐ 你 ⓑ 这么 ⓒ 激动呢 ⓓ ?

❺ (按照)

ⓐ 我们公司 ⓑ 的规定, 空运 ⓒ 大概需要 ⓓ 4个工作日。

4 그림을 보고 주어진 단어를 활용하여 문장을 완성하세요.

❶ Keyword ▶ 相亲

그들은 현재 사귀고 있어요.

❷ Keyword ▶ 兼职

저는 커피숍에서 일하고 있어요.

❸ Keyword ▶ 智能手机

이 기종의 핸드폰은 가격에 비해 성능이 좋아요.

❹ Keyword ▶ 促销

블랙 프라이데이, 백화점은 세일 행사를 많이 해요.

❺ Keyword ▶ 快递

빠른 편으로 비행기 운송을 하신다면 이틀이면 도착합니다.

M·E·M·O

부 록

주요내용

문제답안
新HSK 4급 단어

第1课

연습문제 23~24p

1

듣기 대본

男：你今天打扮得真漂亮，有什么好事吗？
女：没什么事，就是想换个发型。
男：这个发型很适合你，显得很年轻。
女：昨天去美发店，美发师推荐我烫发，说今年很流行。
男：我也想换个发型，再染个发。你在哪家美发店啊？
女：咱们公司对面那家新开的美发店，现在去还可以打9折呢。
问：**女的昨天去美发店做什么了？**

답 : ①

2

답 : D

3

1. 这次新换的这个发型显得很精神。
2. 对男人来说，发型也很重要。
3. 我身体不舒服，没什么胃口。
4. 只靠运动减肥效果不是那么好。

4

1. B   2. C   3. A

第2课

연습문제 37~38p

1

듣기 대본

男：为什么中国人喜欢送茶叶？
女：因为中国人喝茶已经有上千年的历史了，茶可以代表中国的文化。
男：原来是这样。
女：当年美国总统尼克松来中国，毛主席就送了他茶叶。
男：是吗？我以为美国人只喝咖啡呢。
女：而且喝茶还能带来健康。
问：**美国总统来中国的时候，毛主席送了他什么？**

답 : ②

2

답 : B

3

1. 中国人对吃很讲究。
2. 中国人送礼时，喜欢送烟酒茶。
3. 我又把手机落在车租车上了。
4. 光顾着聊天了。

4

1. C   2. A   3. B

第3课

연습문제　　　　　　　　51~52p

1

듣기 대본

> 男：小丽, 你的包好特别啊。
> 女：这是我自己做的环保袋。
> 男：是吗? 怪不得我没见过呢。
> 女：我拿不穿的裤子做的。
> 男：你的手艺真不错。
> 女：你要是喜欢, 我改天也给你做一个。
> 问：**女的要给男的做什么?**

답 : ②

2

답 : C

3

1. 我几乎都没见过他来。
2. 尽量不要做户外运动。
3. 应该少用一次性用品。
4. 用环保袋可以环保。

4

1. C　　2. A　　3. B

第4课

연습문제　　　　　　　　65~66p

1

듣기 대본

> 男：你找工作找得怎么样了?
> 女：笔试已经通过了。
> 男：是吗？太好了。祝贺你啊。
> 女：下个星期还有面试呢。
> 男：别紧张, 你这么聪明一定会有好结果的。
> 女：谢谢你, 我会努力的。
> 问：**女的下星期要做什么?**

답 : ②

2

답 : C

3

1. 性格合适是最重要的。
2. 难得有时间出来运动。
3. 公司又开始招聘了。
4. 面试的时候, 我很紧张。

4

1. B　　2. A　　3. C

第5课

연습문제   79~80p

1

듣기 대본

> 男：听说你们韩国人很喜欢喝酒。
> 女：是的, 韩国人很热情,
>   还很喜欢交朋友。
> 男：我最近一喝酒头就疼,
>   所以很少喝酒。
> 女：你可以喝一些解酒汤,
>   会好很多。
> 男：什么是解酒汤啊？
> 女：清淡的豆芽汤或者干明太鱼汤。
> **问：哪一个是解酒汤？**

답：①

2

답：D

3

1. 昨天晚上陪客户喝酒了。
2. 你今天显得特别累。
3. 我知道北京以前叫北平。
4. 韩国人也喜欢喝中国啤酒。

4

1. A   2. C   3. B

복습1

연습문제   84~87p

1

듣기 대본

> 1. 问：她怎么减肥？
> 2. 问：你怎么成了落汤鸡？
> 3. 问：你为什么带杯子去买咖啡？
> 4. 问：你工作找得怎么样了？
> 5. 问：有什么事吗？显得特别累。

답：

1. 她节食减肥, 尽量少吃。
2. 别提了, 雨太大, 我全身都湿了。
3. 为了环保, 所以我自己带杯子去。
4. 我下个星期要去面试。
5. 昨天陪客户吃饭了, 回家有点儿晚。

복습1

2
1. D   2. B   3. A
4. D   5. C

3
1. ⓓ   2. ⓐ   3. ⓒ
4. ⓑ   5. ⓑ

4
1. 她坚持每天早上都做运动。
2. 我觉得送酒不如送茶叶。
3. 我们应该保护环境。
4. 下周我要参加面试。
5. 他显得很累。

第6课

연습문제   99~100p

1

듣기 대본

> 男：怎么了?
>   显得一点儿精神都没有。
> 女：别提了,
>   我妈又让我去相亲了。
> 男：好事啊? 阿姨多关心你啊。
> 女：还好事呢。
>   我的头都快疼死了。
> 男：已经见面了吗?
> 女：还没有呢, 这周末见。
> 问：**女的周末要做什么?**

답 : ①

2

답 : D

3
1. 父母们拿着照片来相亲。
2. 搞得跟人才市场招聘差不多。
3. 相处起来会比较难。
4. 遇到什么问题都要自己面对。

4
1. C   2. A   3. B

第7课

연습문제　　　　　　　　113~114p

1

듣기 대본

> 男：你知道咱们公司什么社团最受欢迎吗？
> 女：应该是电影社团或者学习外语什么的吧？
> 男：哈哈，都不是。
> 女：那是什么社团啊？
> 男：是烹饪社团。
> 女：是吗？没想到大家都开始喜欢学习做菜啦。
> **问：最近最受欢迎的社团是什么？**

답：②

2

답：C

3

1. 父母舍不得我去打工。
2. 打工不一定会影响学习。
3. 我加入了学校的摄影社团。
4. 只好陪他一起参加。

4

1. B　　2. A　　3. C

第8课

연습문제　　　　　　　　127~128p

1

듣기 대본

> 男：你刚才去哪儿了？
> 女：我手机坏了，刚才去了客服中心。
> 男：怎么样？修好了吗？
> 女：没有，修理费太高了。
> 男：趁这机会不如换一部新手机，怎么样？
> 女：我也是这么想的？
> **问：女的刚才做什么了？**

답：①

2

답：A

3

1. 这款手机的功能很多。
2. 我了解这款手机的功能。
3. 这部手机的性价比不错。
4. 有空时顺便帮我看看。

4

1. A　　2. C　　3. B

第9课

연습문제   141~142p

1

듣기 대본

> 男：你知道双11吗?
> 女：双11?
>   11月11号不是光棍节吗?
> 男：对, 不过现在的光棍节和以前不一样了。
> 女：有什么不一样?
> 男：现在的光棍节和美国的黑色星期五差不多。
> 女：是吗?
>   那我也得趁这机会大采购了。
> **问：女的这次光棍节想做什么?**

답 : ②

2

답 : C

3

1. 好像在美剧里看过。
2. 不过价格确实挺便宜。
3. 看完就打电话订购。
4. 最后连自己也不清楚。

4

1. B   2. A   3. C

第10课

연습문제   155~156p

1

듣기 대본

> 男：你听说了吗? 最近的大学新生都不带行李去大学。
> 女：啊? 为什么?
> 男：现在他们都把行李用快递寄到学校, 自己轻松上路。
> 女：现在的孩子们真是和我们那个年代相比变化太大了。
> 男：是啊, 当时我们都大包小包的。
> 女：对啊, 每次开学都跟搬家一样。
> **问：现在的孩子们怎么带他们的行李?**

답 : ①

2

답 : B

3

1. 快递公司包办各种国内外的邮件。
2. 快递公司还有国际快递等项目。
3. 空运大概需要4个工作日。
4. 不会出现丢失现象吧?

4

1. C   2. B   3. A

복습2

연습문제　　　　　　　160~163p

1

듣기 대본

> 1. 问：他们是怎么认识的?
> 2. 问：他在大学参加了什么社团?
> 3. 问：这款手机怎么样?
> 4. 问：你妈妈常买电视购物的产品吗?
> 5. 问：您要空运还是海运?

답 :

1. 他们是朋友介绍认识的。
2. 他参加了游泳社团。
3. 这款手机的功能很多。
4. 她很喜欢买电视购物的产品。
5. 还是海运吧, 便宜一些。

복습2

2

1. B　　2. C　　3. D
4. B　　5. A

3

1. ⓓ　　2. ⓐ　　3. ⓒ
4. ⓑ　　5. ⓐ

4

1. 他们正在相亲。
2. 我在咖啡厅做兼职。
3. 这款智能手机性价比很好。
4. 黑色星期五, 百货商店做很多促销活动。
5. 快递走空运的话, 两天就到了。

新HSK 4급 단어

번호	중국어	병음	품사	뜻
1	梦	[mèng]	명사	꿈
2	免费	[miǎnfèi]	동사	돈을 받지 않다 / 무료로 하다 / 돈 낼 필요가 없다
3	秒	[miǎo]	양사	초 [시간 계량 단위로, 60초를 1분(分)이라 함]
4	迷路	[mílù]	동사	길을 잃다
5	密码	[mìmǎ]	명사	암호 / 비밀 번호 / 비밀 전보 코드
6	民族	[mínzú]	명사	민족
7	目的	[mùdì]	명사	목적
8	母亲	[mǔqīn]	명사	(자신을 낳아 준) 모친 / 엄마 / 어머니
9	耐心	[nàixīn]	형용사	참을성이 있다 / 인내심이 강하다 / 인내성이 있다
10	难道	[nándào]	부사	설마 …란 말인가? / 설마 …하겠는가? / 설마 …이겠어요? / 설마 …는 아니겠지요
11	难受	[nánshòu]	형용사	(몸이) 불편하다 / 견딜(참을) 수 없다 / 괴롭다
12	内	[nèi]	명사	안 / 안쪽 / 속 / 내부
13	内容	[nèiróng]	명사	내용
14	能力	[nénglì]	명사	(일을 할 수 있는) 능력 / 역량
15	年龄	[niánlíng]	명사	연령 / 나이 / 연세
16	弄	[nòng]	동사	(방법을 강구하여) 손에 넣다 / 장만하다 / 마련하다 / 구하다 / 갖추다
17	暖和	[nuǎnhuo]	형용사	따뜻하다 / 따사롭다
18	偶尔	[ǒu'ěr]	부사	때때로 / 간혹 / 이따금
19	排队	[páiduì]	동사	순서대로 정렬하다 / 줄을 서다
20	排列	[páiliè]	동사	배열하다 / 정렬하다
21	判断	[pànduàn]	동사	판단하다 / 판정하다
22	陪	[péi]	동사	모시다 / 동반하다 / 안내하다 / 수행하다 / 배석하다
23	篇	[piān]	양사	편 / 장 [문장·종이 등을 세는 단위]
24	骗	[piàn]	동사	속이다 / 기만하다
25	皮肤	[pífū]	명사	피부
26	乒乓球	[pīngpāngqiú]	명사	탁구

新HSK 4급 단어

번호	중국어	병음	품사	뜻
27	平时	[píngshí]	명사	평소 / 평상시 / 보통 때
28	批评	[pīpíng]	동사	비판하다 / 지적하다 / 질책하다 / 꾸짖다 / 나무라다
29	脾气	[píqi]	명사	성격 / 성질 / 성미 / 기질
30	破	[pò]	동사	파손되다 / 찢어지다 / 망가지다 / 깨지다 / 해지다
31	普遍	[pǔbiàn]	형용사	보편적인 / 일반적인 / 전면적인 / 널리 퍼져 있는
32	葡萄	[pútáo]	명사	포도
33	普通话	[pǔtōnghuà]	명사	현대 중국 표준어
34	千万	[qiānwàn]	부사	부디 / 제발 / 아무쪼록 / 꼭 / 절대로 / 반드시
35	签证	[qiānzhèng]	명사	비자(visa) / 사증(査證)
36	敲	[qiāo]	동사	치다 / 두드리다 / 때리다
37	桥	[qiáo]	명사	다리 / 교량
38	巧克力	[qiǎokèlì]	명사	초콜릿(chocolate)
39	其次	[qícì]	대명사	다음 / 그 다음 / 버금
40	气候	[qìhòu]	명사	기후
41	轻	[qīng]	형용사	(무게가) 가볍다
42	情况	[qíngkuàng]	명사	상황 / 정황 / 형편 / 사정
43	轻松	[qīngsōng]	형용사	수월하다 / 가볍다 / 부담이 없다
44	亲戚	[qīnqi]	명사	친척
45	穷	[qióng]	형용사	빈곤하다 / 가난하다 / 궁하다
46	其中	[qízhōng]	대명사	그 중에 / 그 안에
47	取	[qǔ]	동사	가지다 / 취하다 / 찾다
48	全部	[quánbù]	명사	전부 / 전체 / 모두
49	区别	[qūbié]	명사	구별 / 차이
50	却	[què]	동사	후퇴하다 / 퇴각하다 / 물러나
51	缺点	[quēdiǎn]	명사	결점 / 단점 / 부족한 점
52	缺少	[quēshǎo]	동사	(인원이나 물건의 수량이) 부족하다 / 모자라다
53	缺少	[quèshí]	형용사	확실하다 / 믿을 만하다
54	然而	[rán'ér]	접속사	그러나 / 하지만 / 그렇지만

新HSK 4급 단어

번호	중국어	병음	품사	뜻
55	热闹	[rènao]	형용사	(광경이나 분위기가) 변화하다 / 흥성거리다 / 떠들썩하다 / 시끌벅적하다 / 북적거리다
56	扔	[rēng]	동사	던지다
57	仍然	[réngrán]	부사	변함없이 / 여전히 / 아직도 / 원래대로
58	任何	[rènhé]	대명사	어떠한 / 무슨 [주로 '都(dōu)'와 호응하여 쓰임]
59	任务	[rènwu]	명사	임무
60	日记	[rìjì]	명사	일기 / 일지
61	入口	[rùkǒu]	동사	수입하다 / 외지 물건이 들어오다
62	散步	[sànbù]	동사	산보하다
63	森林	[sēnlín]	명사	삼림 / 숲 / 산림
64	沙发	[shāfā]	명사	소파(sofa)
65	商量	[shāngliang]	동사	(주로 말로 일반적인 문제를) 상의하다 / 의논하다 / 협의하다 / 토의하다
66	伤心	[shāngxīn]	동사	상심하다 / 슬퍼하다 / 마음아파하다
67	稍微	[shāowēi]	부사	조금 / 약간 / 다소
68	勺子	[sháozi]	명사	(조금 큰) 국자 / 주걱 / 수저
69	社会	[shèhuì]	명사	사회
70	深	[shēn]	형용사	깊다
71	剩	[shèng]	동사	남다 / 남기다
72	省	[shěng]	동사	아끼다 / 절약하다
73	生活	[shēnghuó]	명사	생활
74	生命	[shēngmìng]	명사	생명 / 목숨
75	生意	[shēngyi]	명사	장사 / 영업 / 사업 / 비즈니스(business) / 거래
76	申请	[shēnqǐng]	동사	신청하다
77	甚至	[shènzhì]	부사	심지어 / …까지도 / …조차도 [뒤에 흔히 '都(dōu)'·'也(yě)'가 옴]
78	使	[shǐ]	동사	(…에게) …시키다 / …하게 하다
79	失败	[shībài]	동사	(일이나 사업을) 실패하다
80	十分	[shífēn]	부사	매우 / 아주 / 대단히 / 충분히

新HSK 4급 단어

번호	중국어	병음	품사	뜻
81	是否	[shìfǒu]	부사	…인지 아닌지
82	师傅	[shīfu]	명사	기사님 / 선생님 [기예·기능을 가진 사람에 대한 존칭]
83	适合	[shìhé]	동사	적합하다 / 부합하다 / 알맞다 / 적절하다 / 어울리다
84	世纪	[shìjì]	명사	세기
85	实际	[shíjì]	명사	실제
86	失望	[shīwàng]	동사	실망하다 / 희망을 잃다
87	适应	[shìyìng]	동사	적응하다
88	使用	[shǐyòng]	동사	사용하다 / 쓰다
89	实在	[shízai]	형용사	착실하다 / 성실하다 / 건실하다 / 꼼꼼하다 / 알차다
90	收	[shōu]	동사	받다 / 접수하다 / 받아들이다 / 용납하다 / 수용하다
91	受不了	[shòubuliǎo]	동사	견딜 수 없다 / 참을 수 없다 / 배길 수 없다 / 못 봐주다
92	受到	[shòudào]	동사	얻다 / 받다 / 만나다 / 부딪치다
93	首都	[shǒudū]	명사	수도
94	售货员	[shòuhuòyuán]	명사	판매원 / 점원
95	收入	[shōurù]	명사	수입 / 소득
96	收拾	[shōushi]	동사	거두다 / 정리하다 / 정돈하다 / 치우다 / 수습하다 / 꾸리다
97	首先	[shǒuxiān]	부사	가장 먼저 / 맨 먼저 / 우선 / 무엇보다 먼저
98	输	[shū]	동사	패하다 / 지다 / 잃다
99	帅	[shuài]	형용사	잘생기다 / 멋지다 / 영준하다 / 스마트하다
100	数量	[shùliàng]	명사	수량 / 양 / 수효
101	顺便(儿)	[shùnbiàn(r)]	부사	…하는 김에 / 겸사겸사 / 차제에
102	顺利	[shùnlì]	형용사	순조롭다 / 일이 잘 되어가다
103	顺序	[shùnxù]	명사	순서 / 차례 / 순번 / 순차
104	说明	[shuōmíng]	동사	설명하다 / 해설하다
105	硕士	[shuòshì]	명사	석사
106	熟悉	[shúxī]	형용사	잘 알다 / 익숙하다 / 생소하지 않다

新HSK 4급 단어

번호	중국어	병음	품사	뜻
107	数字	[shùzì]	명사	숫자
108	死	[sǐ]	동사	(생물이) 죽다 / 생명을 잃다
109	酸	[suān]	형용사	(맛·냄새 등이) 시큼하다 / 시다
110	速度	[sùdù]	명사	속도
111	随便	[suíbiàn]	부사	마음대로 / 좋을 대로 / 자유로이 / 함부로
112	随着	[suízhe]	동사	(…에) 따르다 / …따라서 / …뒤이어 / …에 따라
113	塑料袋	[sùliàodài]	명사	비닐봉지
114	孙子	[sūnzi]	명사	손자
115	所有	[suǒyǒu]	형용사	모든 / 전부의 / 일체의 / 전체의
116	台	[tái]	명사	높고 평평한 건축물 / 대
117	抬	[tái]	동사	(두 사람 이상이) 맞들다 / 함께 들다 / 맞메다
118	态度	[tàidu]	명사	태도
119	谈	[tán]	동사	말하다 / 이야기하다 / 토론하다
120	汤	[tāng]	명사	(음식물을 끓인 후 나오는) 국물
121	糖	[táng]	명사	설탕의 총칭
122	躺	[tǎng]	동사	눕다 / 드러눕다
123	趟	[tàng]	양사	차례 / 번 [왕래한 횟수를 세는 데 쓰임]
124	弹钢琴	[tángāngqín]	동사	피아노를 치다
125	讨论	[tǎolùn]	동사	토론하다
126	讨厌	[tǎoyàn]	동사	싫어하다 / 미워하다 / 혐오하다
127	特点	[tèdiǎn]	명사	특징 / 특색 / 특점 / 특성
128	提	[tí]	동사	(아래에서 위로) 끌어올리다 / 높이다
129	填空	[tiánkòng]	동사	빈 자리(직위)를 메우다
130	条件	[tiáojiàn]	명사	조건
131	提供	[tígōng]	동사	(자료·물자·의견·조건 등을) 제공하다 / 공급하다 / 내놓다
132	停	[tíng]	동사	정지하다 / 멎다 / 서다 / 멈추다 / 중지하다
133	挺	[tǐng]	형용사	꼿꼿하다 / 빳빳하다 / 곧다
134	提前	[tíqián]	동사	(예정된 시간·위치를) 앞당기다

新HSK 4급 단어

번호	중국어	병음	품사	뜻
135	提醒	[tíxǐng]	동사	일깨우다 / 깨우치다 / 주의를 환기시키다 / 상기시키다 / 조심(경계)시키다
136	通过	[tōngguò]	동사	(한쪽에서 다른 한쪽으로) 건너가다 / 통과하다 / 지나가다
137	同情	[tóngqíng]	동사	동정하다
138	同时	[tóngshí]	명사	동시 / 같은 시간 / 동일한 시기 / 같은 때
139	通知	[tōngzhī]	명사	통지 / 통지서 / 통고서
140	推	[tuī]	동사	밀다
141	推迟	[tuīchí]	동사	뒤로 미루다 / 늦추다 / 연기하다 / 지연시키다
142	脱	[tuō]	동사	(몸에서) 벗다
143	网球	[wǎngqiú]	명사	테니스 / 정구
144	往往	[wǎngwǎng]	부사	왕왕 / 자주 / 흔히 / 종종 / 때때로 / 이따금
145	网站	[wǎngzhàn]	명사	(인터넷) 웹사이트
146	完全	[wánquán]	부사	완전히 / 전적으로 / 전혀 / 아주 / 참으로 / 절대로 / 전연 / 전부
147	袜子	[wàzi]	명사	양말 / 스타킹
148	味道	[wèidao]	명사	맛
149	卫生间	[wèishēngjiān]	명사	화장실 / 세면장
150	危险	[wēixiǎn]	형용사	위험하다
151	温度	[wēndù]	명사	온도
152	文章	[wénzhāng]	명사	독립된 한 편의 글 / 문장 / 글월
153	无	[wú]	동사	없다
154	误会	[wùhuì]	동사	오해하다
155	无聊	[wúliáo]	형용사	무료하다 / 따분하다 / 지루하다 / 심심하다
156	无论	[wúlùn]	접속사	…을(를) 막론하고 / …을(를) 따지지 않고 / …에 관계 없이 / …든지
157	污染	[wūrǎn]	동사	오염시키다
158	希望	[xīwàng]	명사	희망 / 소망 / 원망 / 바람 / 소원
159	咸	[xián]	부사	전부 / 모두 / 다
160	香	[xiāng]	형용사	향기롭다

新HSK 4급 단어

번호	중국어	병음	품사	뜻
161	响	[xiǎng]	동사	소리가 나다 / 울리다 / 소리를 내다
162	相反	[xiāngfǎn]	접속사	반대로 / 거꾸로 / 오히려 / 도리어
163	橡皮	[xiàngpí]	명사	지우개
164	相同	[xiāngtóng]	형용사	서로 같다 / 똑같다 / 일치하다
165	详细	[xiángxì]	형용사	상세하다 / 자세하다 / 세세하다
166	现金	[xiànjīn]	명사	현금
167	羡慕	[xiànmù]	동사	흠모하다 / 부러워하다 / 탐내다 / 선망(羨望)하다
168	小吃	[xiǎochī]	명사	간단한 음식 / 가벼운 식사 / 양이 적고 값싼 요리
169	效果	[xiàoguǒ]	명사	효과
170	笑话	[xiàohua]	명사	(~儿) 우스운 이야기 / 우스갯소리 / 농담
171	小伙子	[xiǎohuǒzi]	명사	젊은이 / 청년 / 총각
172	小说(儿)	[xiǎoshuō(r)]	명사	소설
173	消息	[xiāoxi]	명사	소식 / 기별 / 편지
174	西红柿	[xīhóngshì]	명사	토마토
175	信封	[xìnfēng]	명사	편지봉투 / 봉투
176	行	[xíng]	동사	좋다 / …해도 좋다
177	醒	[xǐng]	동사	잠에서 깨다
178	性别	[xìngbié]	명사	성별
179	兴奋	[xīngfèn]	형용사	(감정을) 불러일으키다 / 격동하다 / 격분하다 / 흥분하다
180	幸福	[xìngfú]	형용사	행복하다
181	性格	[xìnggé]	명사	성격
182	辛苦	[xīnkǔ]	형용사	고생스럽다 / 수고롭다 / 고되다
183	心情	[xīnqíng]	명사	심정 / 감정 / 마음 / 기분 / 정서
184	信息	[xìnxī]	명사	정보
185	信心	[xìnxīn]	명사	자신(감) / 확신 / 신념 / 믿음
186	修理	[xiūlǐ]	동사	수리하다 / 수선하다 / 손질하다 / 고치다
187	吸引	[xīyǐn]	동사	흡인하다 / 빨아당기다(빨아들이다) / 잡아끌다
188	许多	[xǔduō]	형용사	매우 많다 / 허다하다

新HSK 4급 단어

번호	중국어	병음	품사	뜻
189	学期	[xuéqī]	명사	학기
190	呀	[ya]	조사	앞에 있는 음절의 모음이 'a', 'e', 'i', 'o', 'ü'로 끝난 경우에 그 영향을 받아 '啊(·a)'가 음이 변한 어기 조사
191	牙膏	[yágāo]	명사	치약
192	压力	[yālì]	명사	압력
193	盐	[yán]	명사	소금 / 식염
194	演出	[yǎnchū]	동사	공연하다
195	眼睛	[yǎnjing]	명사	눈
196	养成	[yǎngchéng]	동사	습관이 되다 / 길러지다
197	严格	[yángé]	형용사	엄격하다 / 엄하다
198	阳光	[yángguāng]	명사	양광 / 햇빛 / 태양의 빛(광선)
199	样子	[yàngzi]	명사	모양 / 모습 / 꼴 / 형태
200	眼镜(儿)	[yǎnjìng(r)]	명사	안경
201	研究	[yánjiū]	동사	(사물의 본질·규율 등을) 연구하다 / 탐구하다
202	演员	[yǎnyuán]	명사	배우 / 연기자
203	严重	[yánzhòng]	형용사	(정세·추세·정황 등이) 위급하다 / 심각하다 (영향이) 엄중하다 / 막대하다
204	邀请	[yāoqǐng]	동사	초청하다 / 초대하다
205	要是	[yàoshi]	접속사	만약 / 만약 …이라면(하면)
206	钥匙	[yàoshi]	명사	열쇠
207	亚洲	[Yàzhōu]	명사	아시아주
208	页	[yè]	명사	(책의) 쪽 / 면
209	也许	[yěxǔ]	부사	어쩌면 / 아마도 [추측이나 짐작을 하여 단정하지 못함을 나타냄]
210	叶子	[yèzi]	명사	잎 / 잎사귀
211	以	[yǐ]	개사	…(으)로(써) / …을(를) 가지고 / …을(를) 근거로
212	意见	[yìjiàn]	명사	견해 / 의견
213	因此	[yīncǐ]	접속사	이로 인하여 / 그래서 / 이 때문에

新HSK 4급 단어

번호	중국어	병음	품사	뜻
214	赢	[yíng]	동사	이익을 얻다 / 이윤을 남기다
215	应聘	[yìngpìn]	동사	초빙에 응하다 / 지원하다
216	引起	[yǐnqǐ]	동사	(주의를) 끌다 / 야기하다 / 불러 일으키다 (사건 등을) 일으키다
217	印象	[yìnxiàng]	명사	인상
218	一切	[yíqiè]	대명사	일체 / 전부 / 모든
219	艺术	[yìshù]	명사	예술
220	以为	[yǐwéi]	동사	여기다 / 생각하다 / 간주하다 / 알다 / 인정하다
221	勇敢	[yǒnggǎn]	형용사	용감하다
222	永远	[yǒngyuǎn]	부사	영원히 / 길이길이 / 언제까지나 / 언제나 / 항상
223	由	[yóu]	명사	유래 / 원인 / 까닭 / 이유
224	优点	[yōudiǎn]	명사	장점
225	友好	[yǒuhǎo]	형용사	우호적이다
226	邮局	[yóujú]	명사	우체국
227	幽默	[yōumò]	형용사	유머(humor)러스한
228	尤其	[yóuqí]	부사	더욱이 / 특히
229	有趣(儿)	[yǒuqù(r)]	형용사	재미있다 / 흥미가 있다 / 흥미를 끌다
230	优秀	[yōuxiù]	형용사	(품행이나 학업·성적 등이) 아주 뛰어나 / 우수하다
231	友谊	[yǒuyì]	명사	우의 / 우정
232	由于	[yóuyú]	개사	…때문에 / …(으)로 인하여 [동작 행위의 원인이나 이유를 이끌어 냄]
233	与	[yǔ]	접속사	…와(과) [명사나 대명사 등을 병렬시켜 줌]
234	原来	[yuánlái]	부사	이전에 / 당초 / 처음에 / 원래 / 본래
235	原谅	[yuánliàng]	동사	양해하다 / 이해하다 / 용서하다
236	原因	[yuányīn]	명사	원인
237	阅读	[yuèdú]	동사	열독하다 / (책이나 신문을) 보다
238	约会	[yuēhuì]	동사	만날 약속을 하다
239	语法	[yǔfǎ]	명사	어법 / 말법

新HSK 4급 단어

번호	중국어	병음	품사	뜻
240	愉快	[yúkuài]	형용사	기쁘다 / 유쾌하다 / 즐겁다 / 기분이 상쾌하다
241	羽毛球	[yǔmáoqiú]	명사	배드민턴
242	云	[yún]	명사	구름
243	允许	[yǔnxǔ]	동사	동의하다 / 허가하다 / 응낙하다 / 허락하다
244	于是	[yúshì]	접속사	그래서 / 이리하여 / 그리하여 / 이에
245	预习	[yùxí]	동사	예습하다
246	语言	[yǔyán]	명사	언어 [구어와 문어가 있음]
247	脏	[zāng]	형용사	더럽다 / 불결하다 / 지저분하다
248	咱们	[zánmen]	대명사	우리(들) [자기 쪽 '我们' 혹은 '我'와 상대방 쪽 '你们' 혹은 '你'를 모두 포함함]
249	暂时	[zànshí]	명사	잠깐 / 잠시 / 일시
250	杂志	[zázhì]	명사	잡지
251	增加	[zēngjiā]	동사	증가하다 / 더하다 / 늘리다
252	责任	[zérèn]	명사	책임
253	占线	[zhànxiàn]	동사	(전화 선로가) 통화 중이다 / 사용 중이다
254	照	[zhào]	동사	비추다 / 비치다 / 빛나다
255	招聘	[zhāopìn]	동사	(공모의 방식으로) 모집하다 / 초빙하다 / 초청하다 / 채용하다
256	正常	[zhèngcháng]	형용사	정상적인
257	正好	[zhènghǎo]	형용사	딱맞다 / 꼭 맞다
258	整理	[zhěnglǐ]	동사	정리하다
259	证明	[zhèngmíng]	동사	증명하다
260	正确	[zhèngquè]	형용사	정확하다 / 올바르다
261	正式	[zhèngshì]	형용사	정식의 / 공식의 / 정규의
262	真正	[zhēnzhèng]	형용사	진정한 / 참된 / 순수한 / 진짜의 / 명실상부한
263	之	[zhī]	동사	가다
264	指	[zhǐ]	명사	손가락
265	支持	[zhīchí]	동사	지지하다

新HSK 4급 단어

번호	중국어	병음	품사	뜻
266	值得	[zhídé]	동사	값에 상응하다 / 값이 맞다 / 값이 …할 만하다 / …할 만한 가치가 있다
267	只好	[zhǐhǎo]	부사	부득이 / 부득불 / 할 수 없이 / 어쩔 수 없이 / …할 수밖에 없다
268	直接	[zhíjiē]	형용사	직접적인
269	质量	[zhìliàng]	명사	(생산품이나 일의) 질 / 품질
270	至少	[zhìshǎo]	부사	적어도 / 최소한
271	知识	[zhīshi]	명사	지식
272	植物	[zhíwù]	명사	식물
273	只要	[zhǐyào]	접속사	…하기만 하면 / 만약 …라면 [주로 뒤에 '就' 또는 '便'을 수반함]
274	职业	[zhíyè]	명사	직업
275	重	[zhòng]	형용사	무겁다 / 비중이 크다
276	重点	[zhòngdiǎn]	명사	중점
277	重视	[zhòngshì]	동사	중시하다 / 중요시하다
278	周围	[zhōuwéi]	명사	주위 / 주변
279	转	[zhuàn]	동사	돌다 / 회전하다
280	赚	[zhuàn]	동사	(돈을) 벌다
281	专门	[zhuānmén]	형용사	전문적이다
282	专业	[zhuānyè]	명사	전공
283	祝贺	[zhùhè]	동사	축하하다 / 경하하다
284	著名	[zhùmíng]	형용사	저명하다 / 유명하다
285	准确	[zhǔnquè]	형용사	확실하다 / 정확하다 / 틀림없다 / 꼭 맞다
286	准时	[zhǔnshí]	부사	정시에 / 제때에
287	主意	[zhǔyi]	명사	방법 / 생각 / 아이디어
288	自然	[zìrán]	명사	자연
289	仔细	[zǐxì]	형용사	세심하다 / 꼼꼼하다
290	自信	[zìxìn]	동사	자신하다 / 자부하다
291	总结	[zǒngjié]	동사	총괄하다 / 총화하다 / 총결산하다 / 총정리하다 / 전체를 묶어 매듭짓다

新HSK 4급 단어

번호	중국어	병음	품사	뜻
292	租	[zū]	동사	세내다 / 임차하다
293	最好	[zuìhǎo]	형용사	가장(제일) 좋다
294	尊重	[zūnzhòng]	동사	존중하다
295	座	[zuò]	명사	(~儿) 좌석 / 자리
296	作家	[zuòjiā]	명사	작가
297	座位	[zuòwèi]	명사	좌석 (주로 공공 장소에 쓰임)
298	作用	[zuòyòng]	명사	(사람과 사물에 끼치는) 작용 / 영향 / 효과 / 효용 / 역할
299	左右	[zuǒyòu]	명사	좌와 우 / 왼쪽과 오른쪽
300	作者	[zuòzhě]	명사	지은이 / 저자 / 작자 / 필자